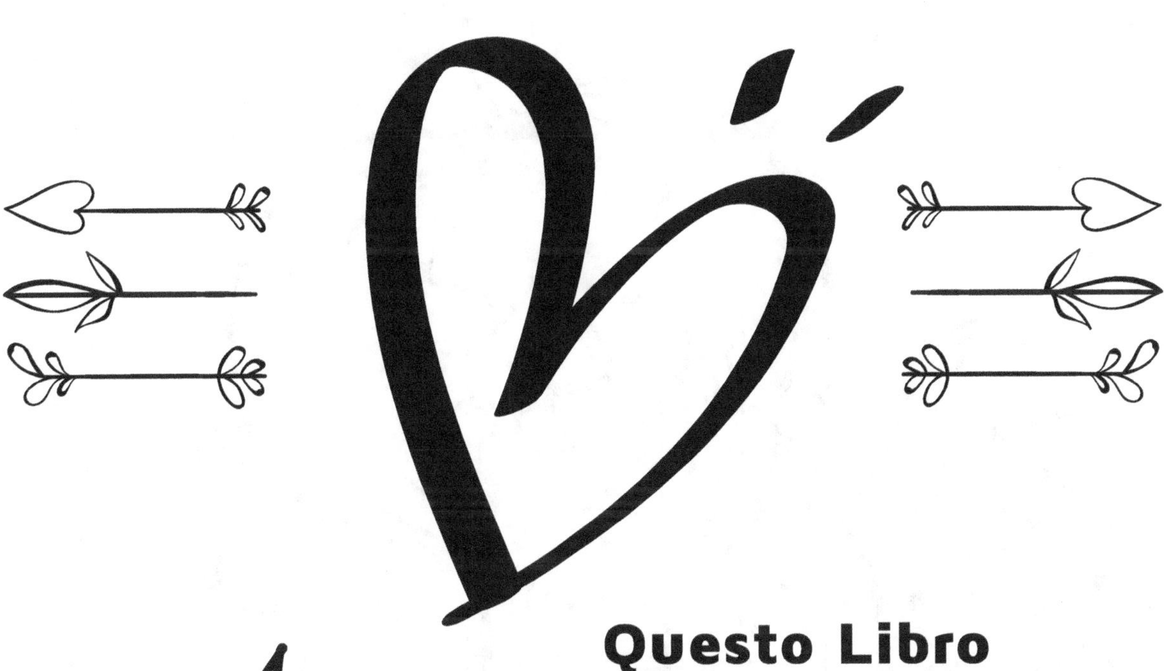

Questo Libro

Appartient à

ZUCCA LIBRO DA COLORARE

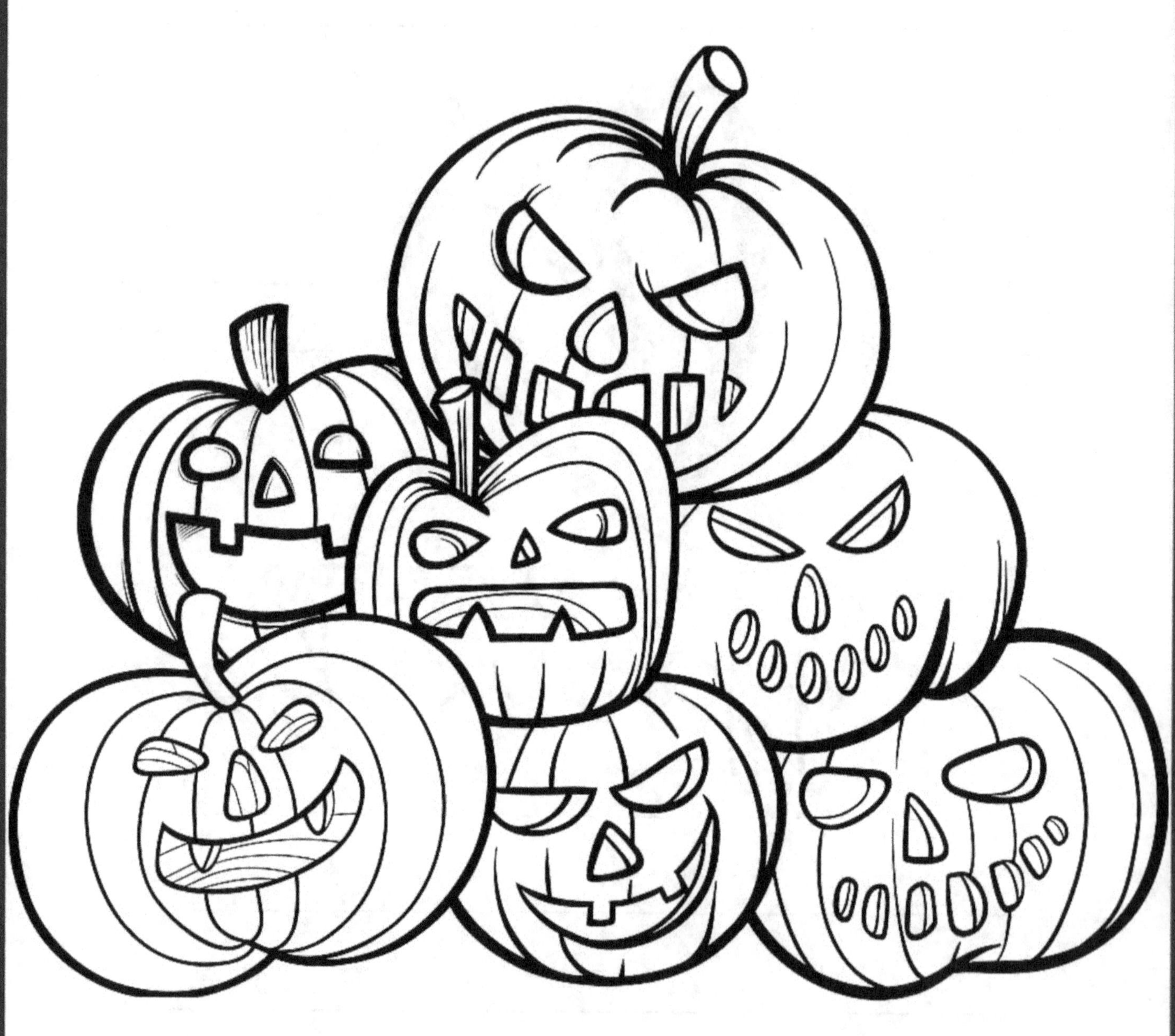

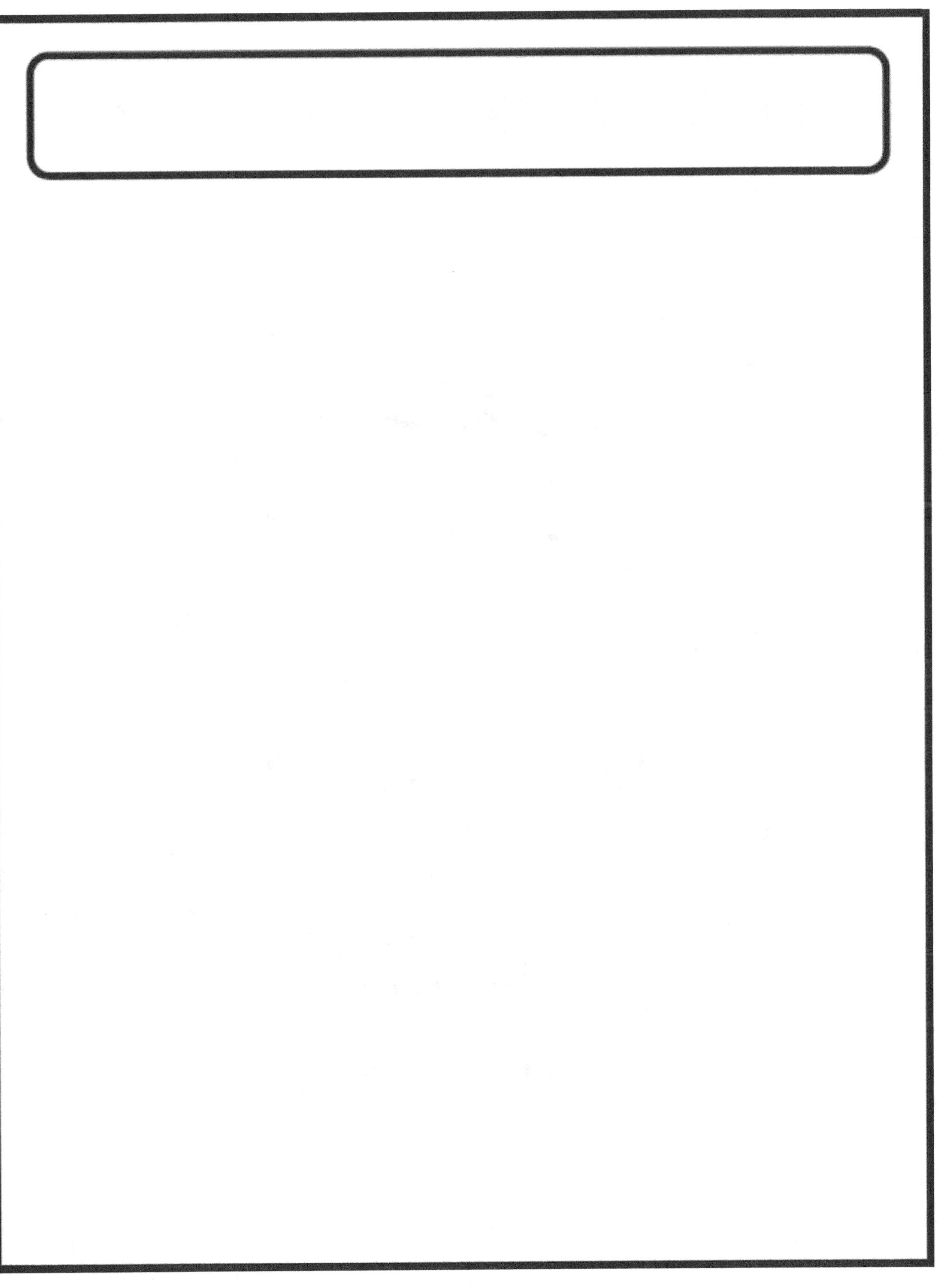

ZUCCA LIBRO DA COLORARE

ZUCCA LIBRO DA COLORARE

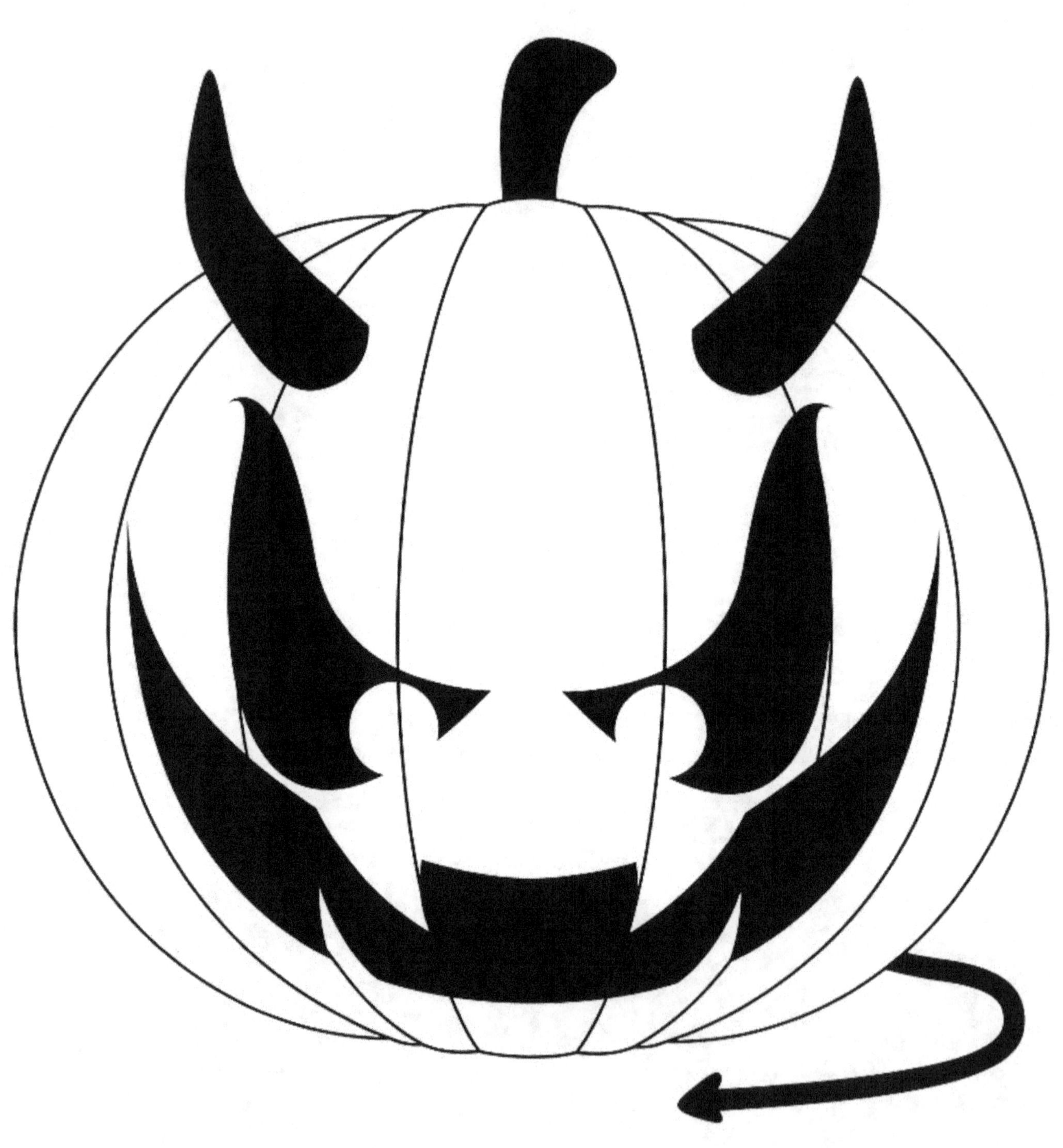

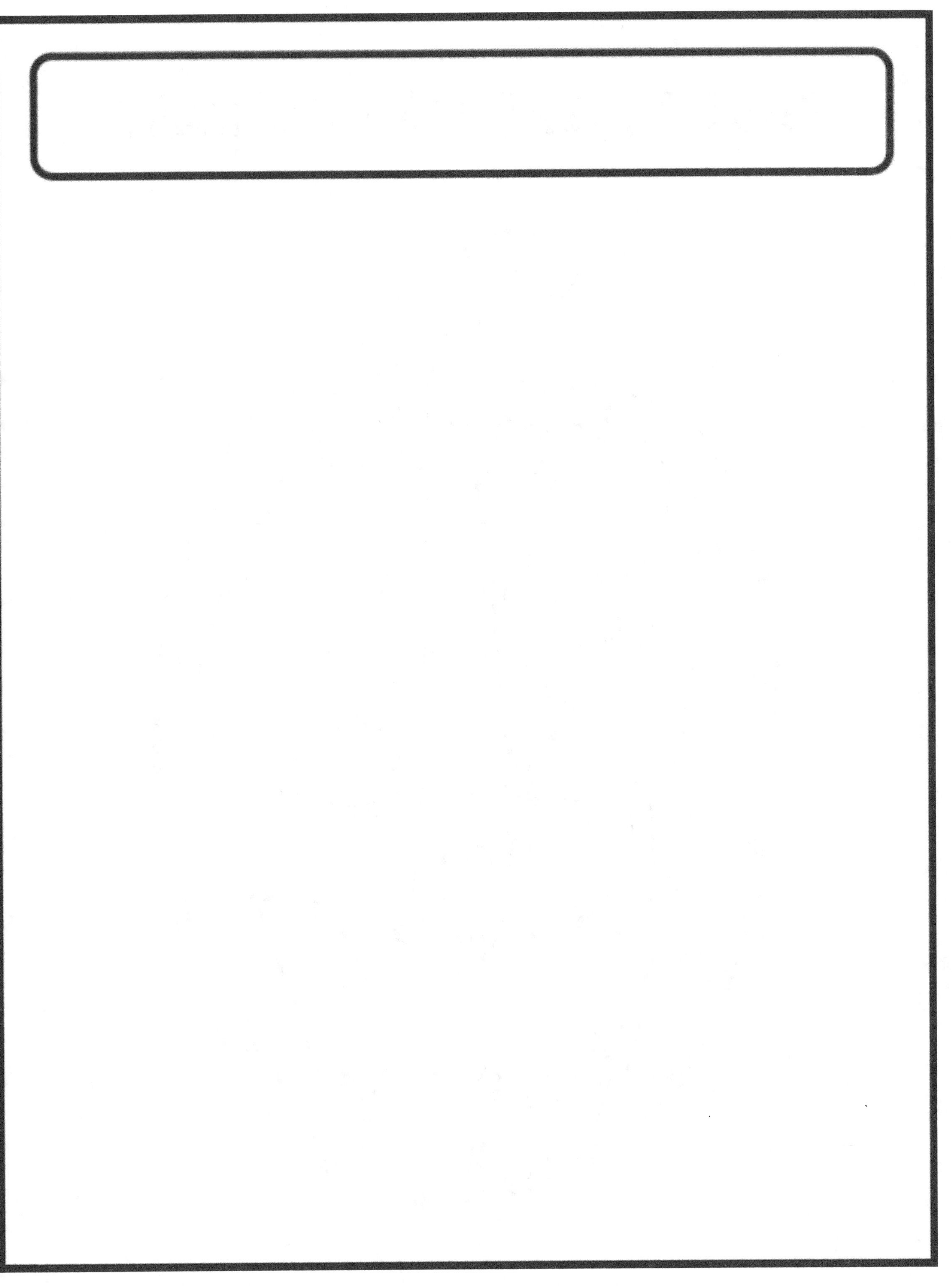

ZUCCA LIBRO DA COLORARE

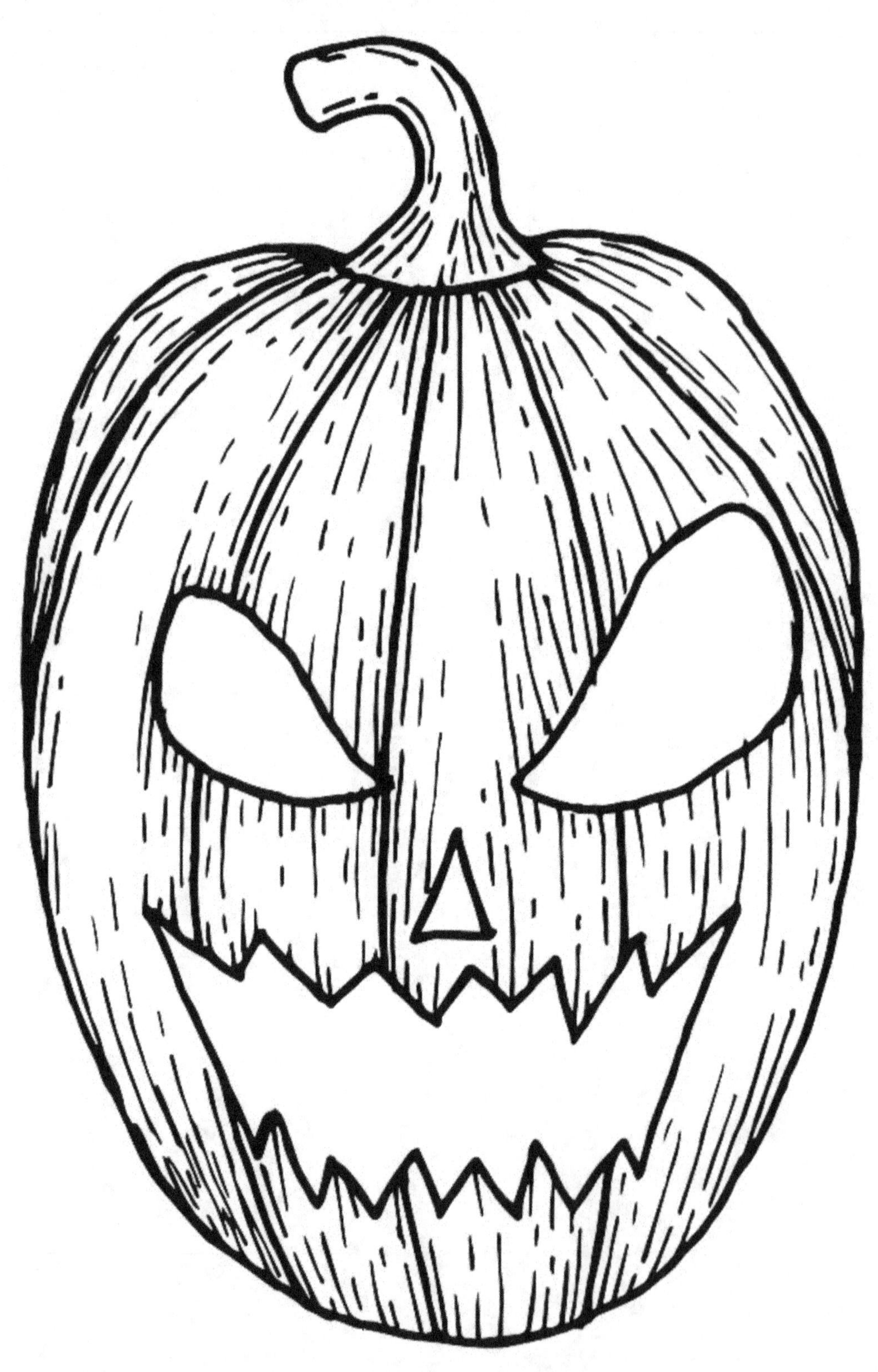

ZUCCA LIBRO DA COLORARE

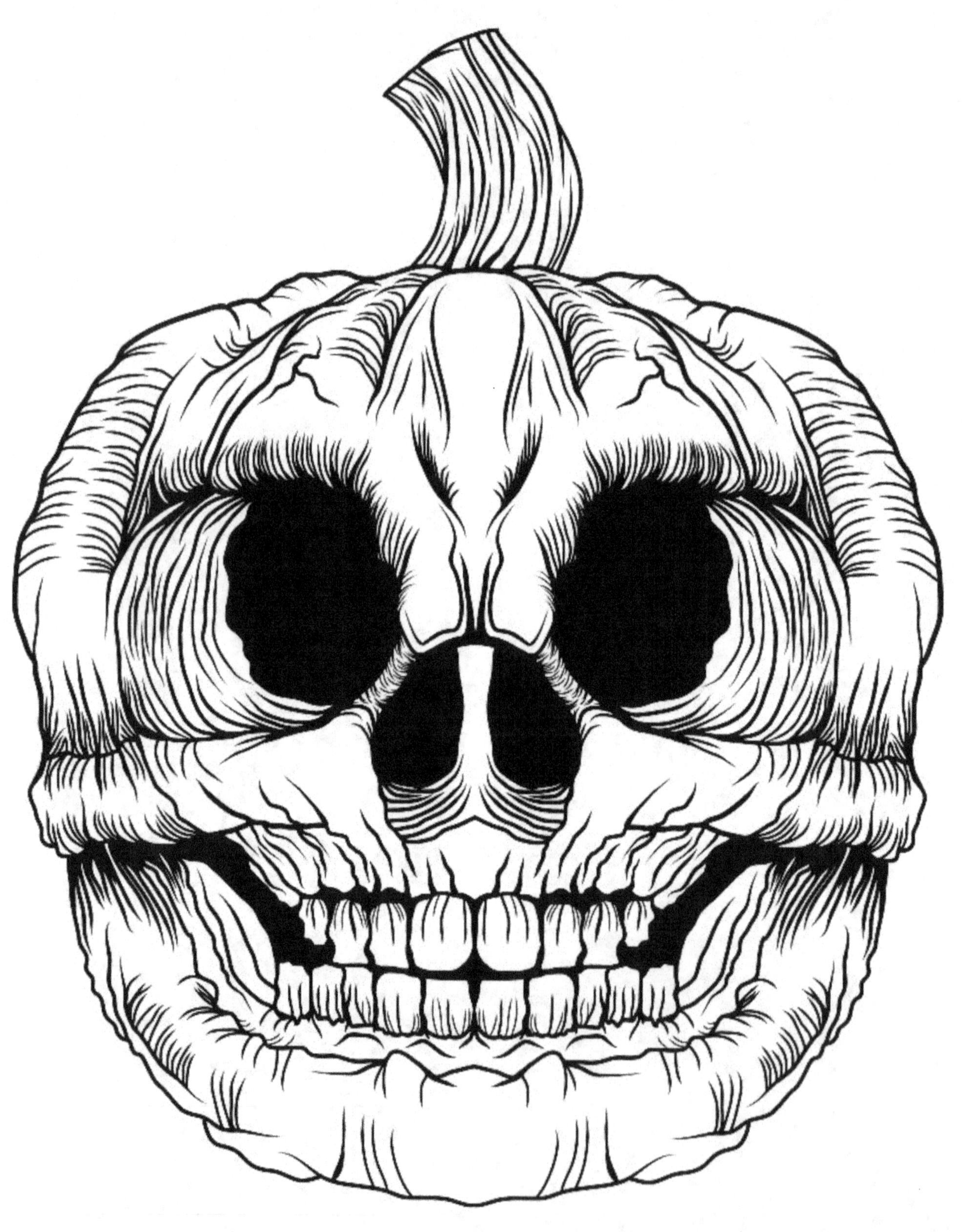

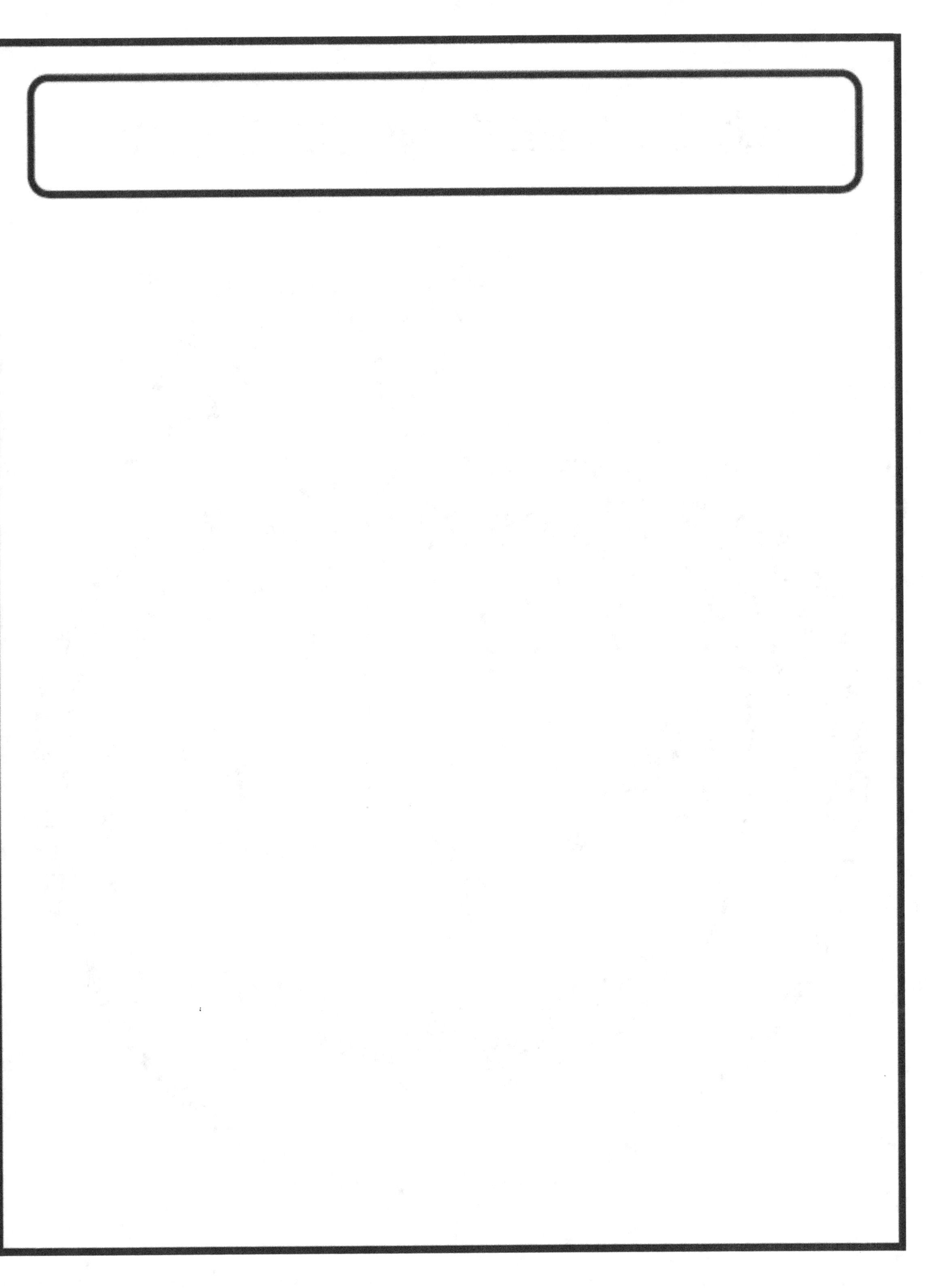

ZUCCA LIBRO DA COLORARE

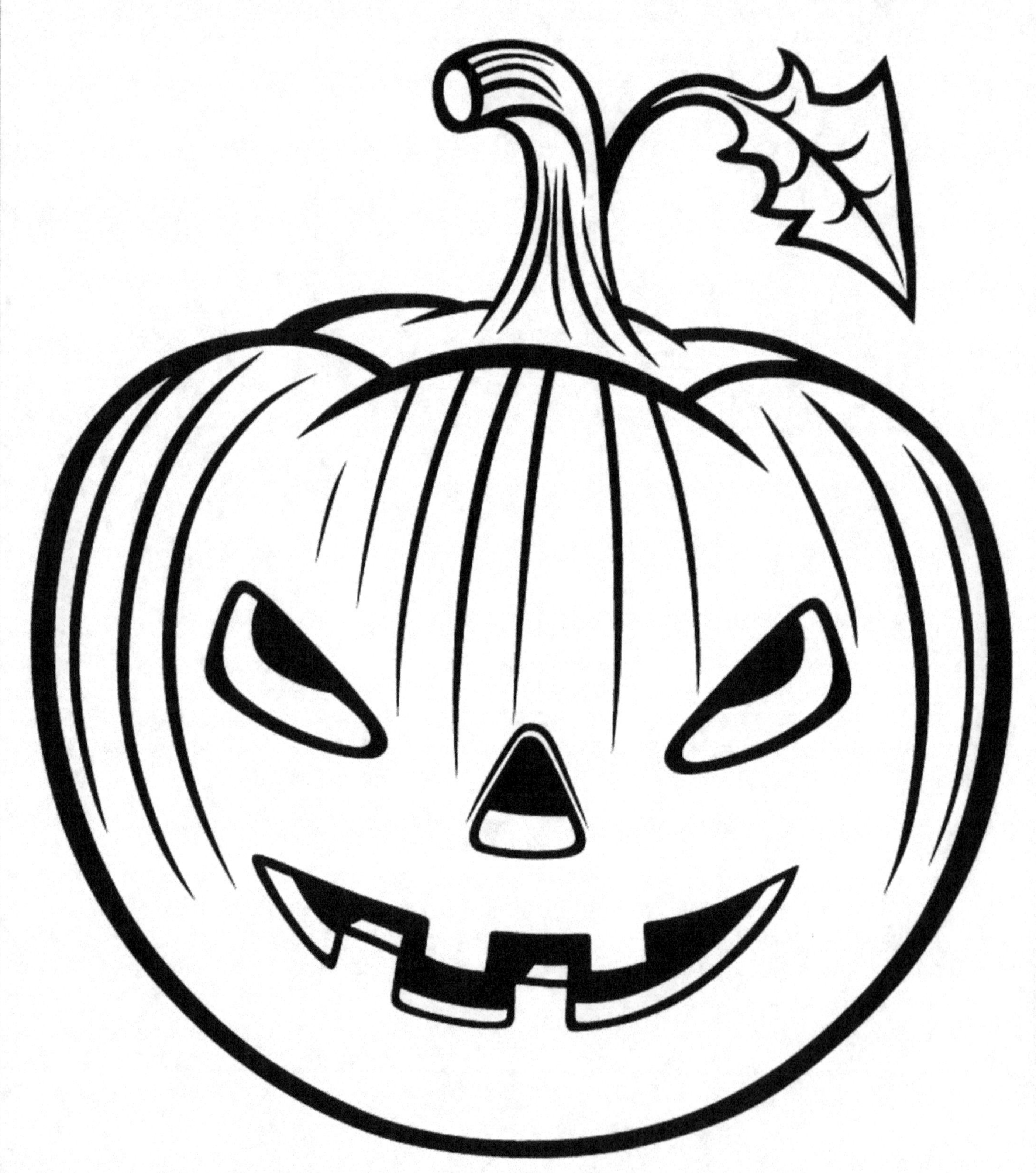

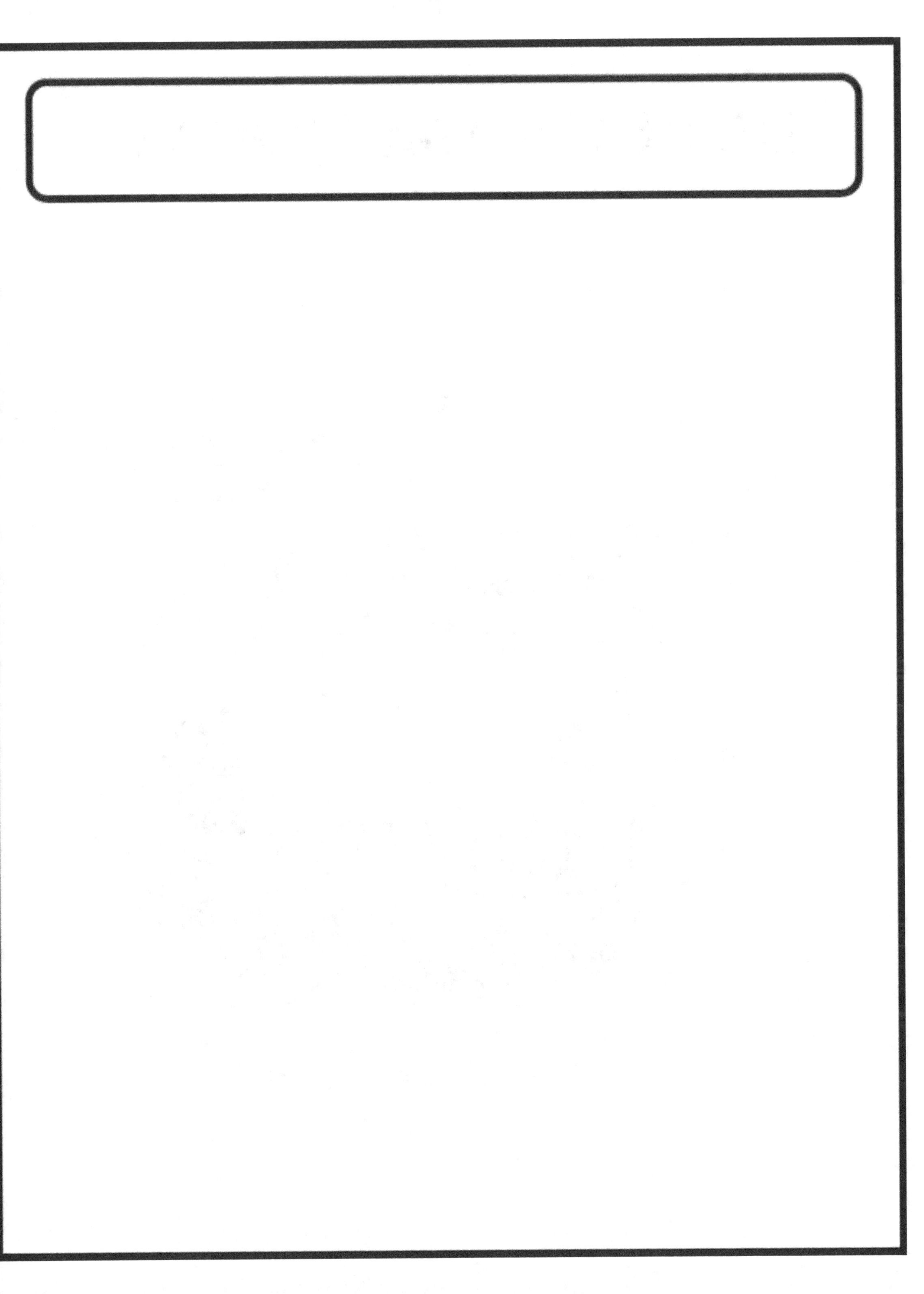

ZUCCA LIBRO DA COLORARE

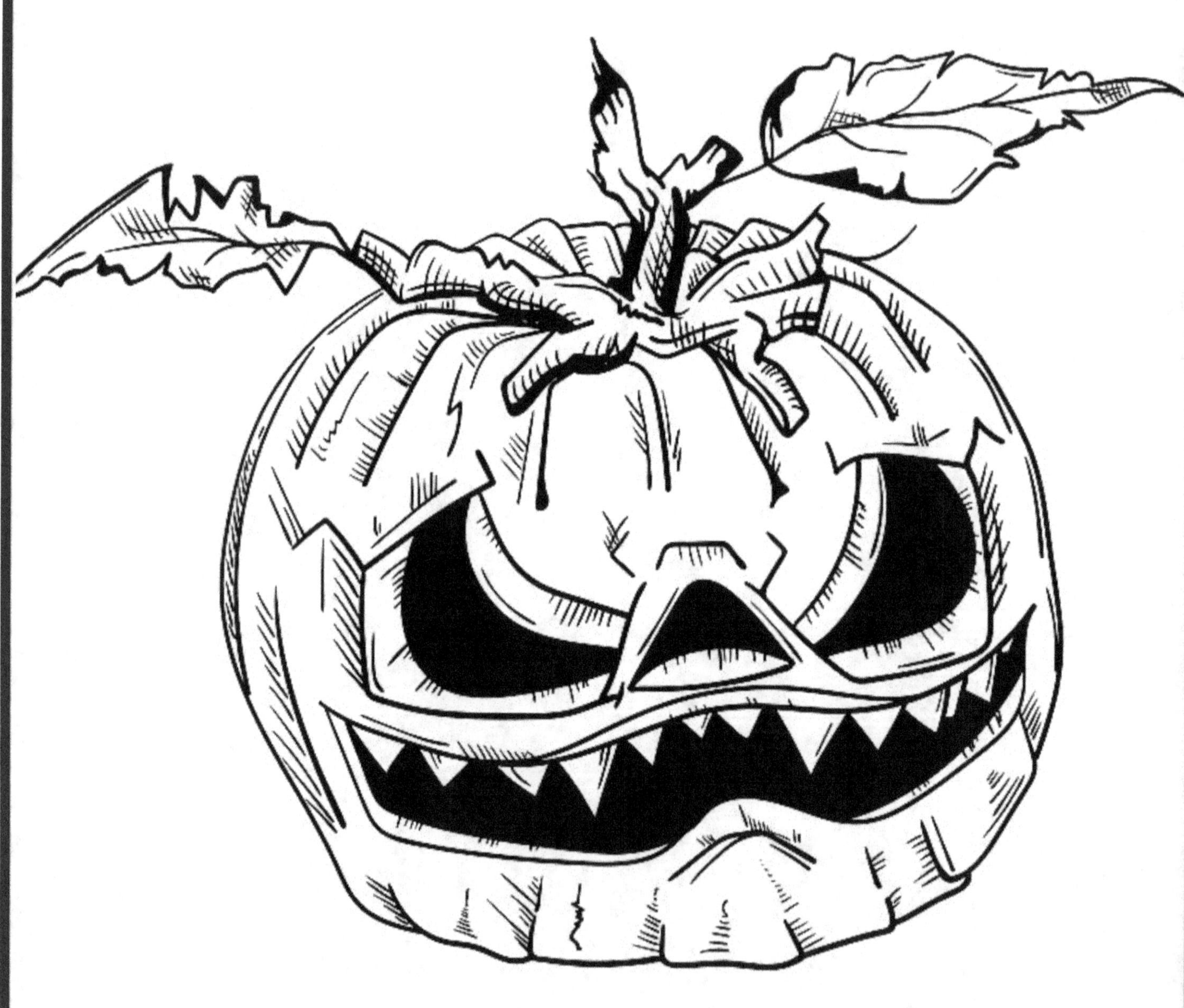

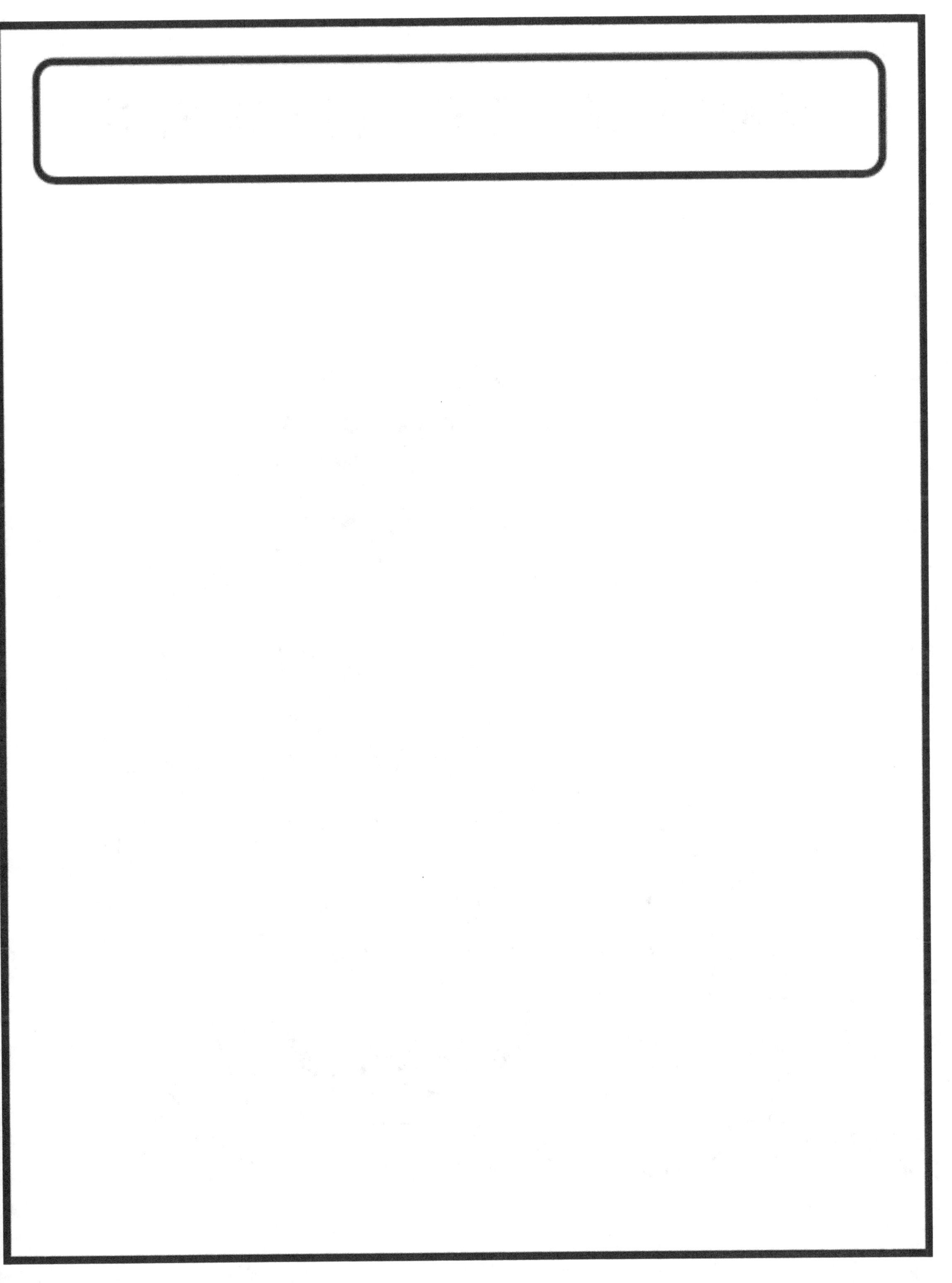

ZUCCA LIBRO DA COLORARE

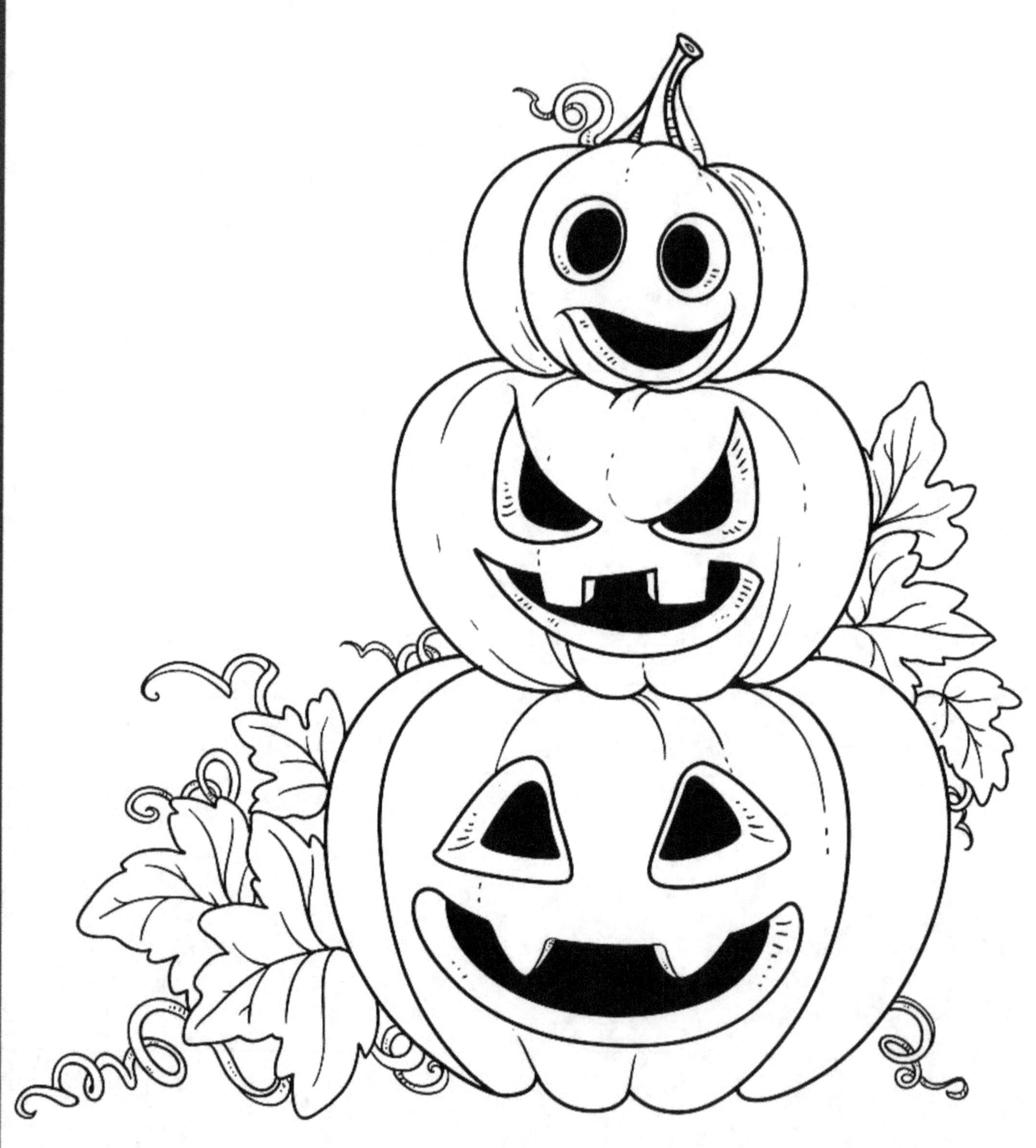

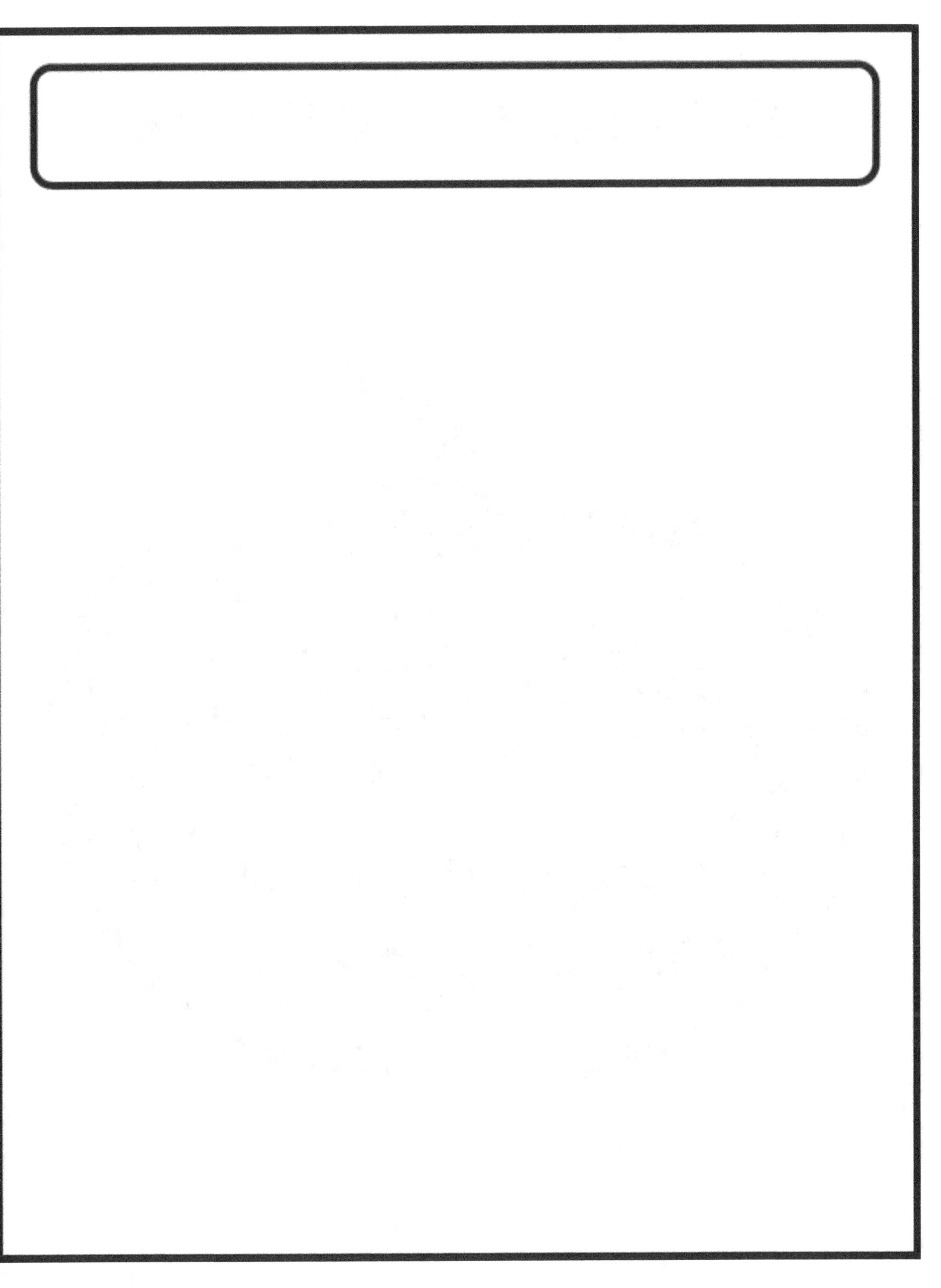

ZUCCA LIBRO DA COLORARE

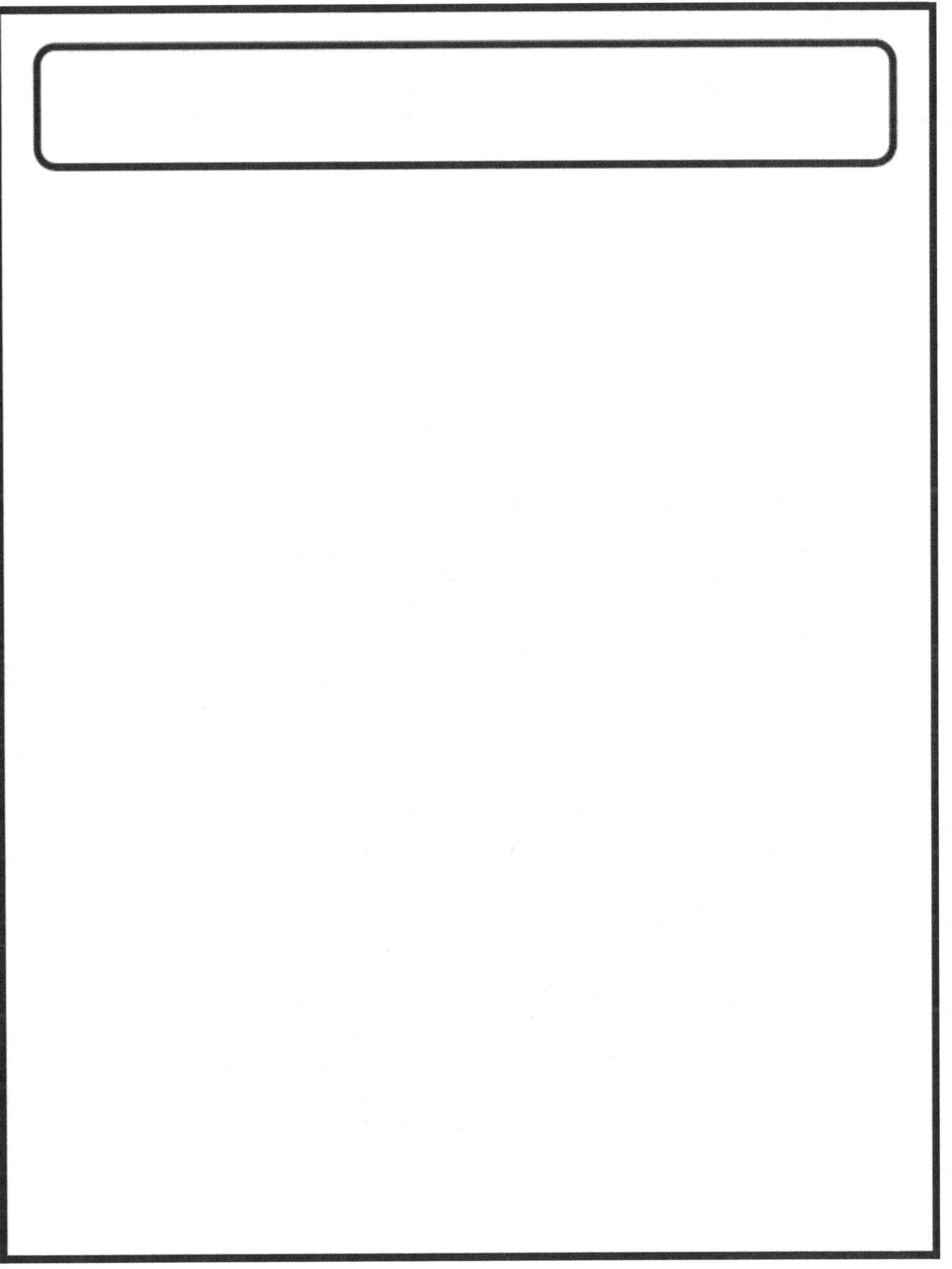

ZUCCA LIBRO DA COLORARE

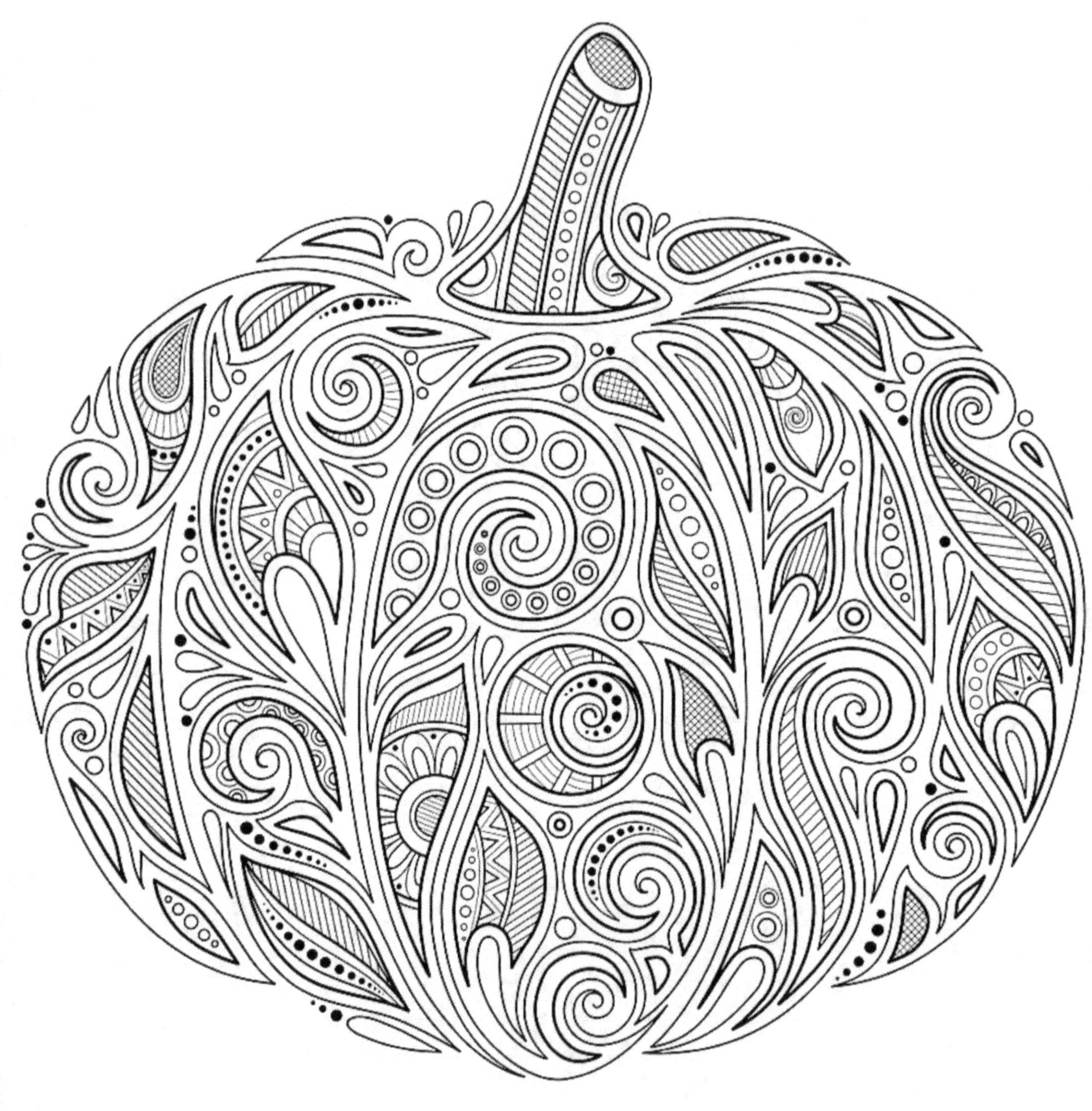

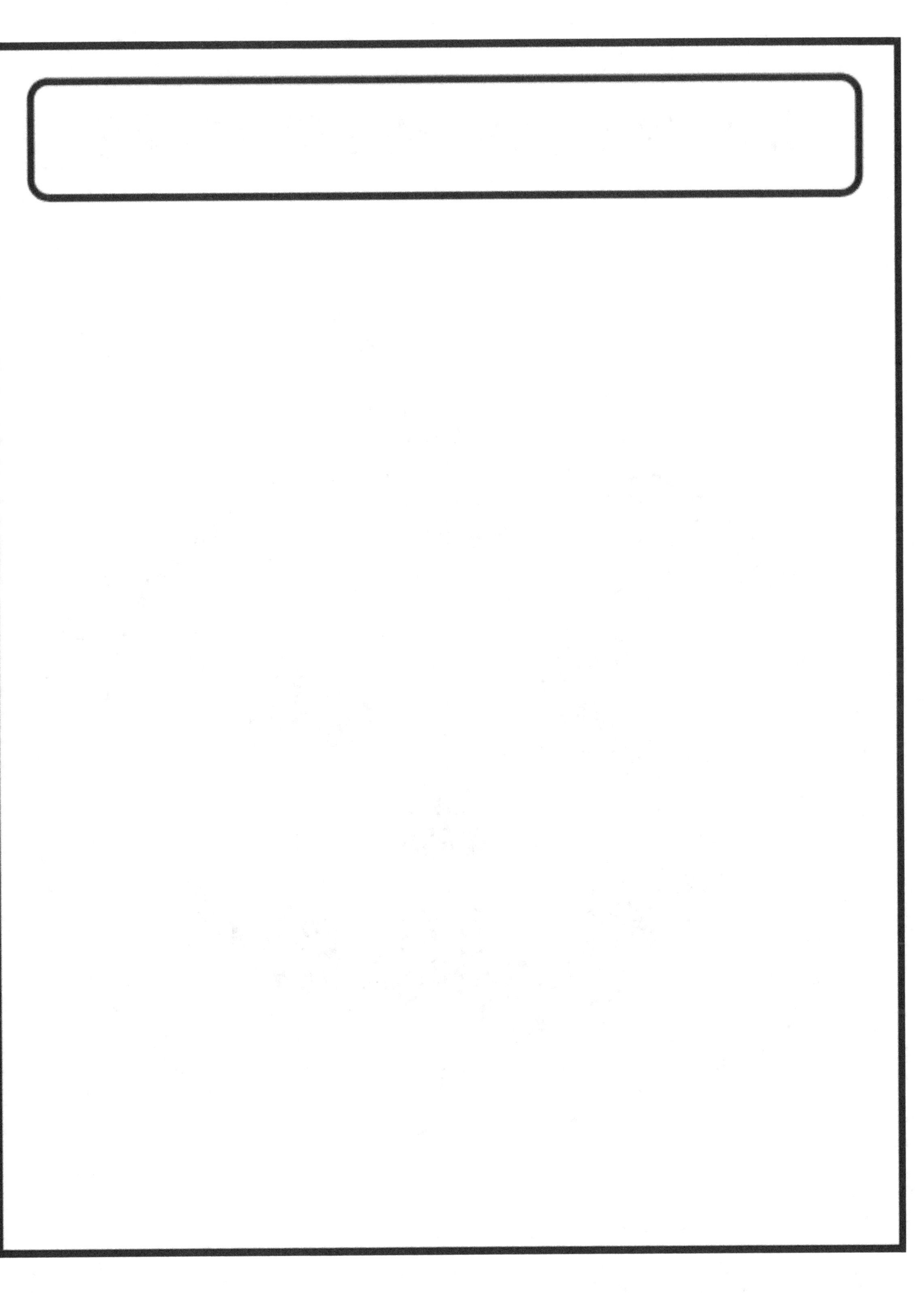

ZUCCA LIBRO DA COLORARE

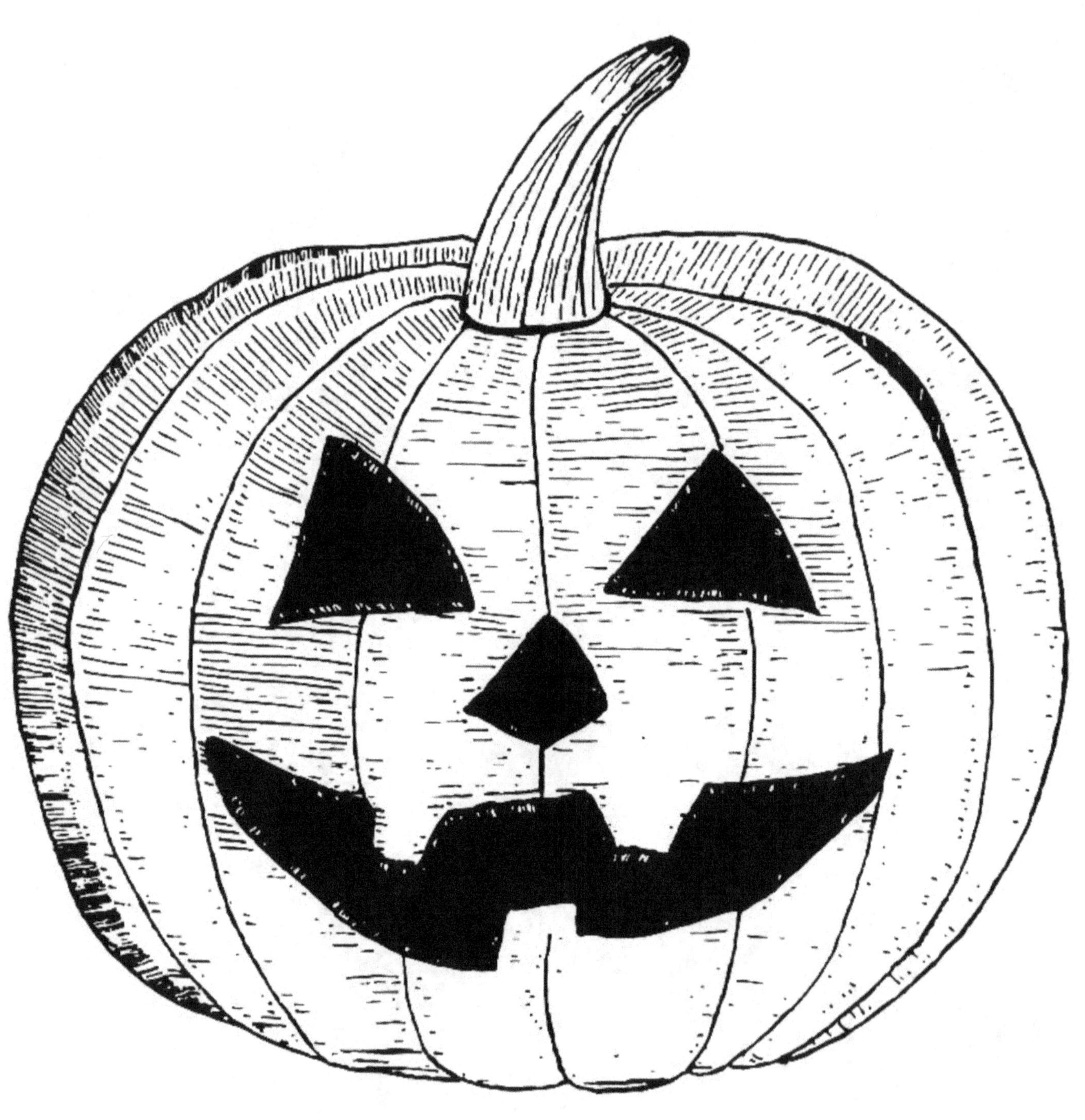

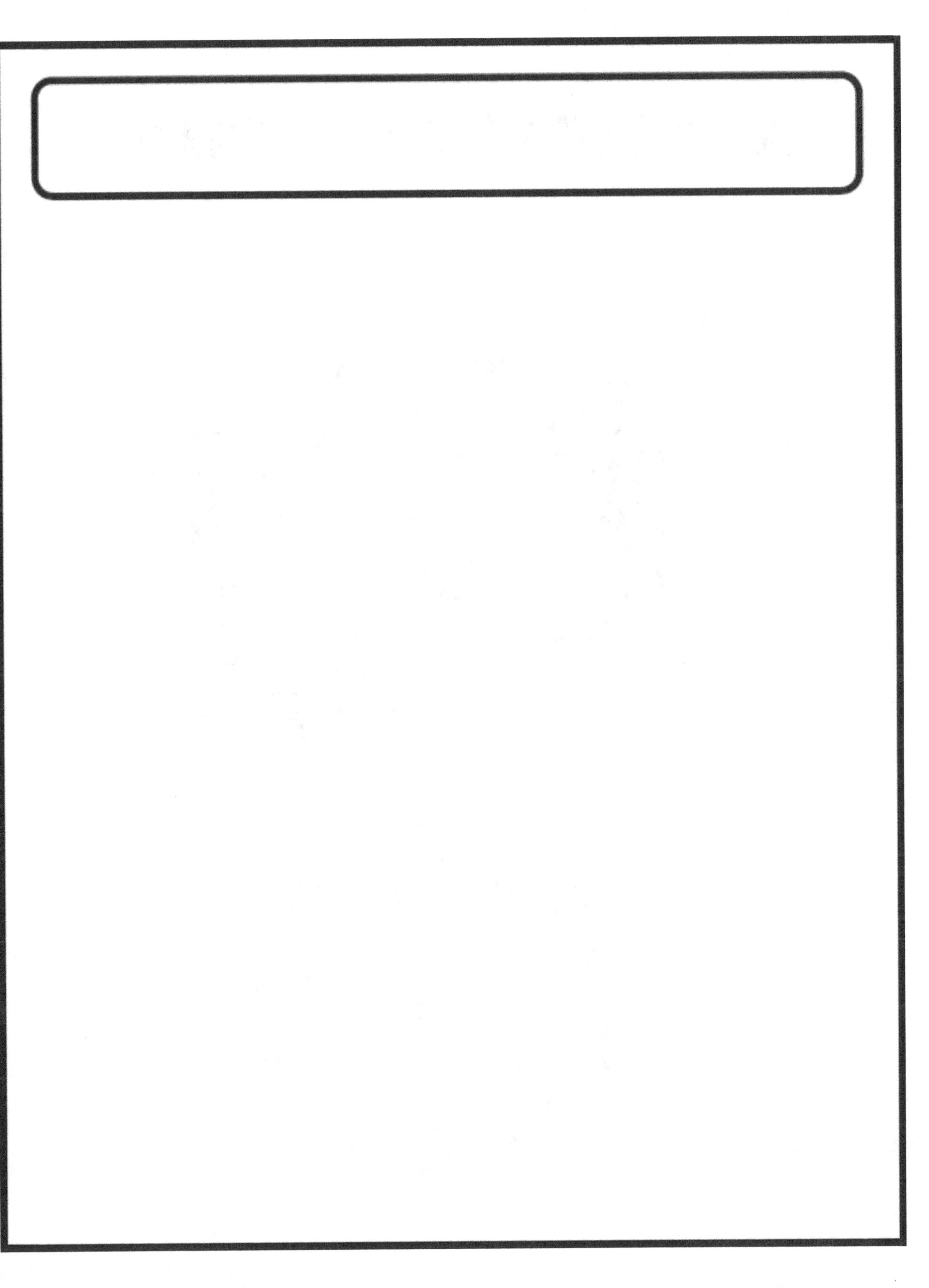

ZUCCA LIBRO DA COLORARE

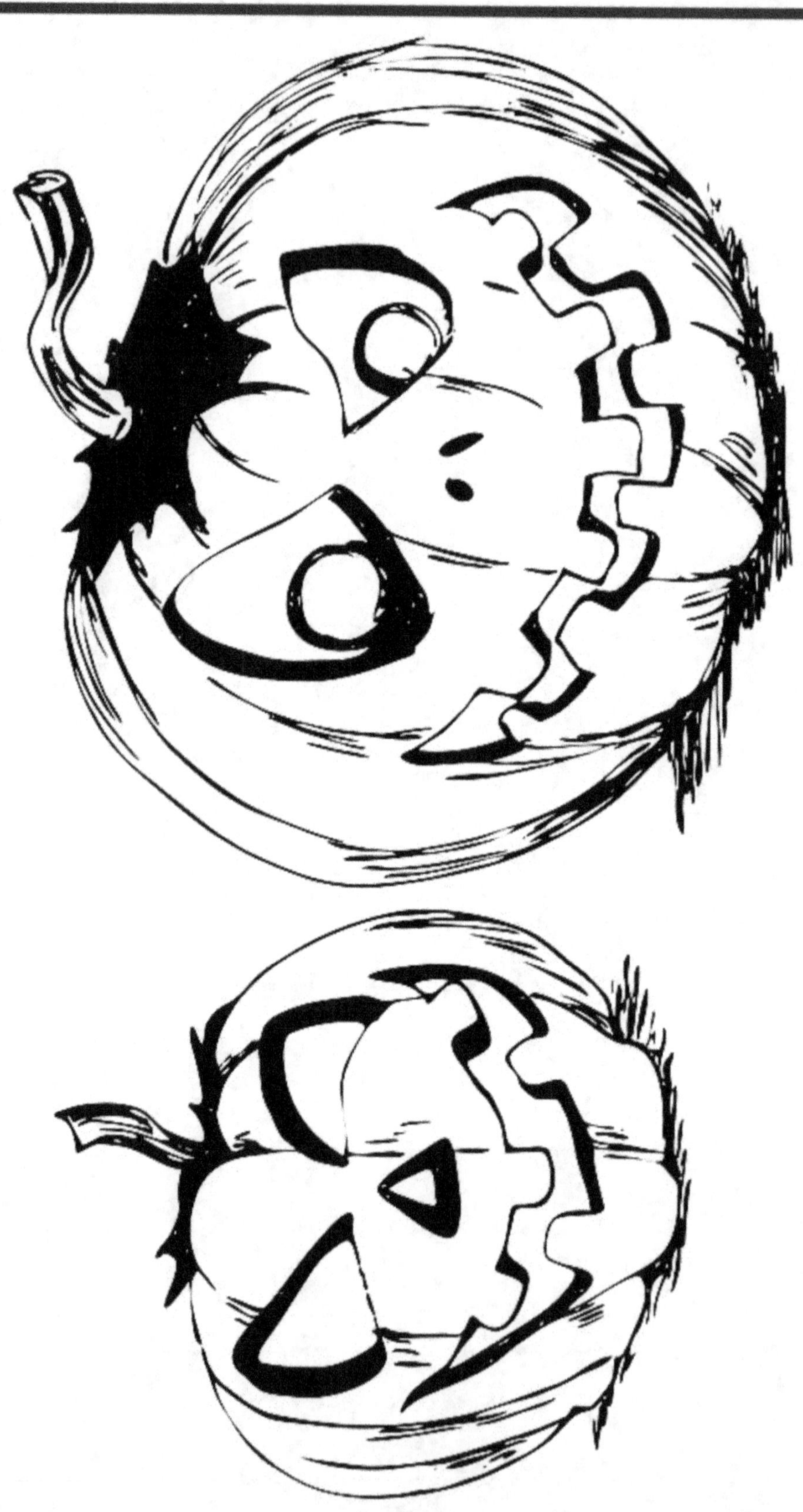

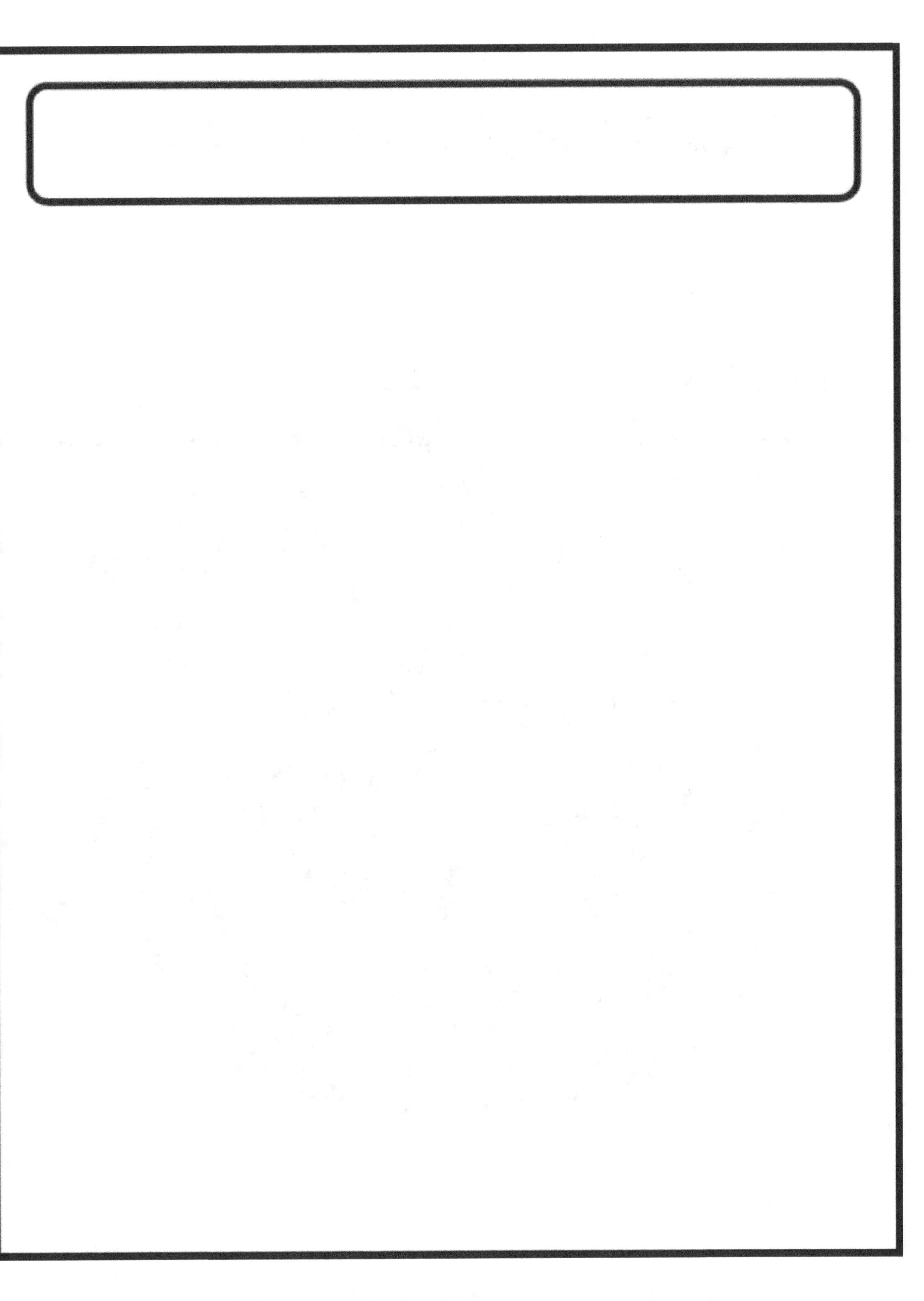

ZUCCA LIBRO DA COLORARE

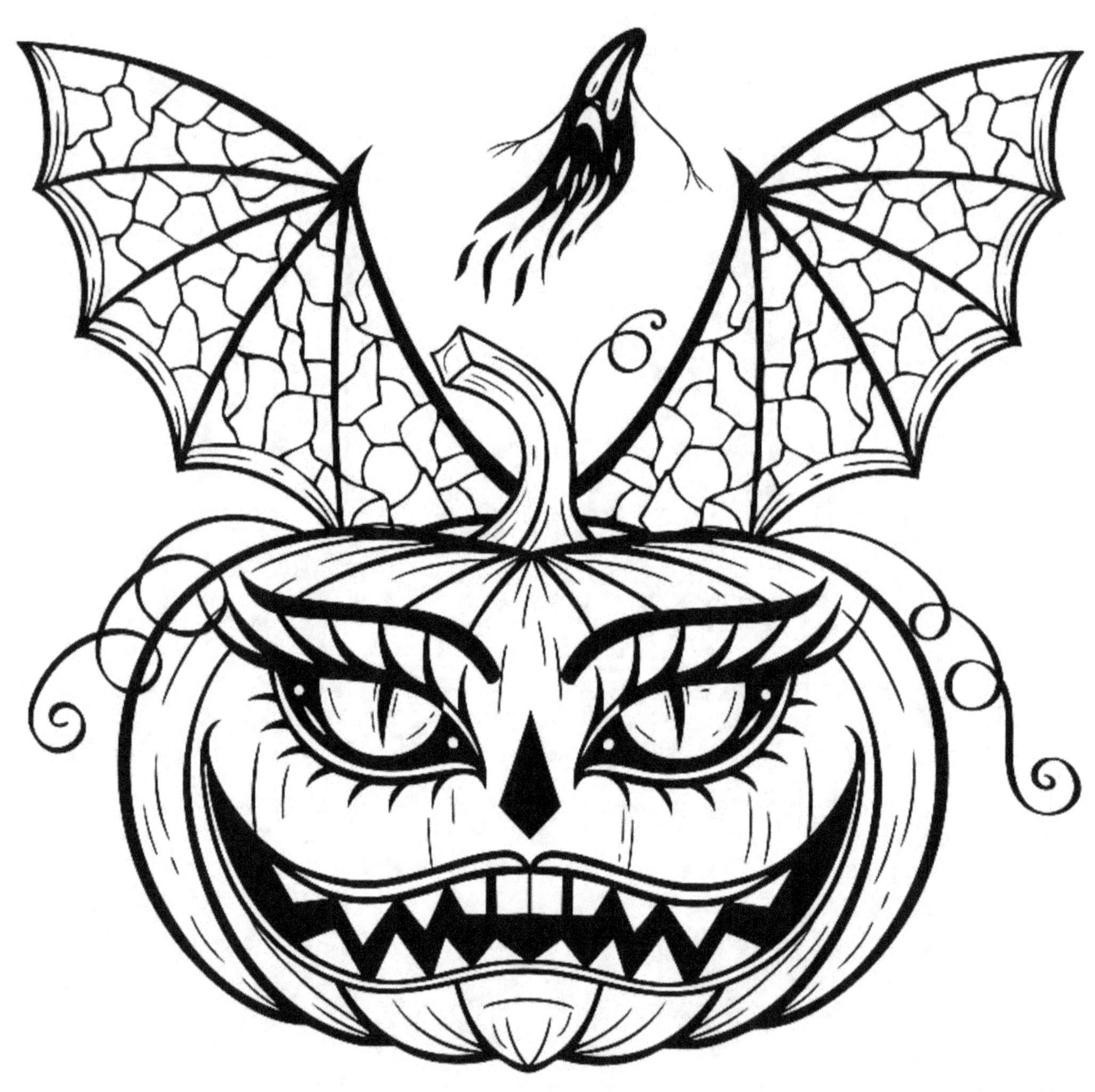

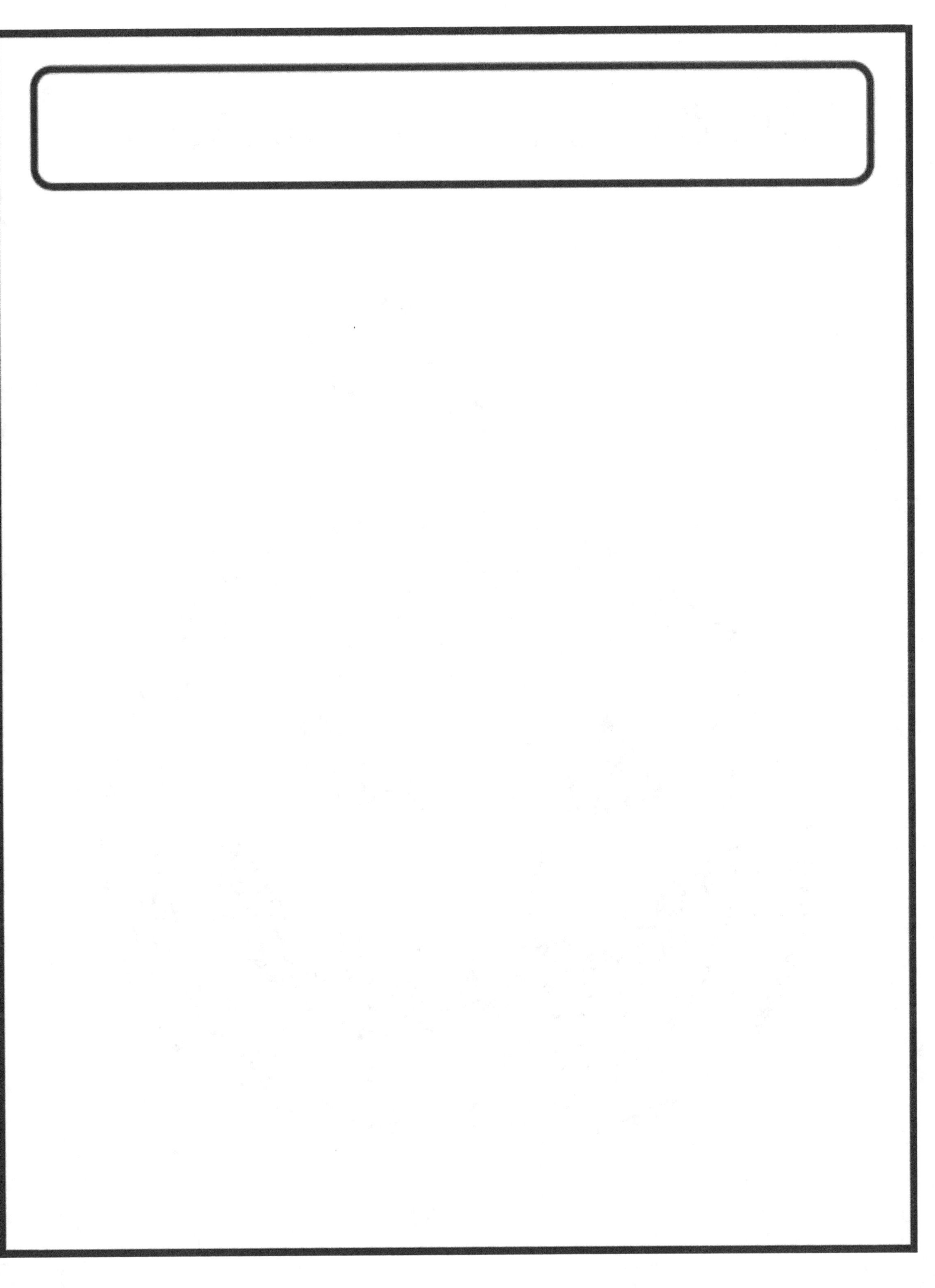

ZUCCA LIBRO DA COLORARE

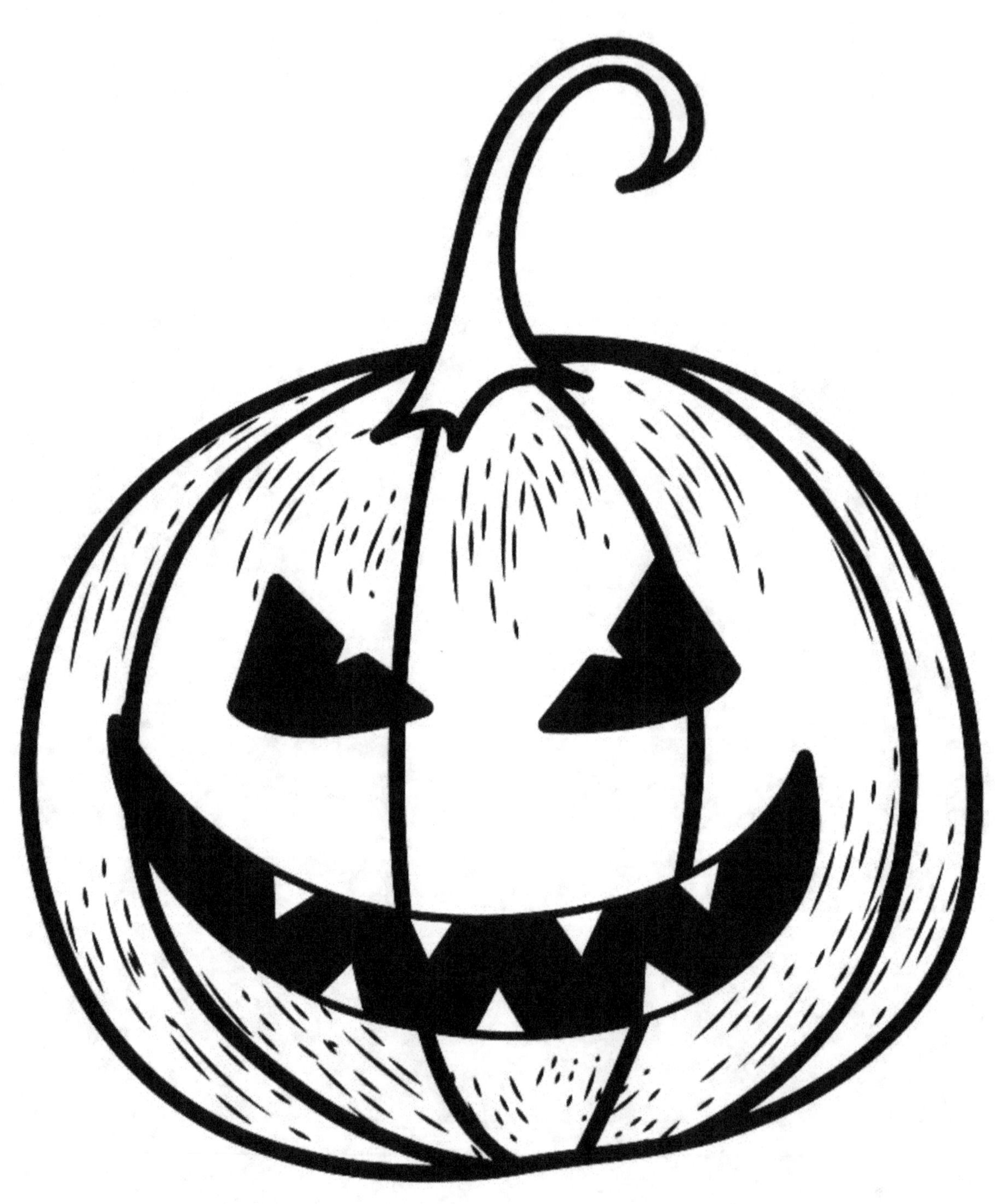

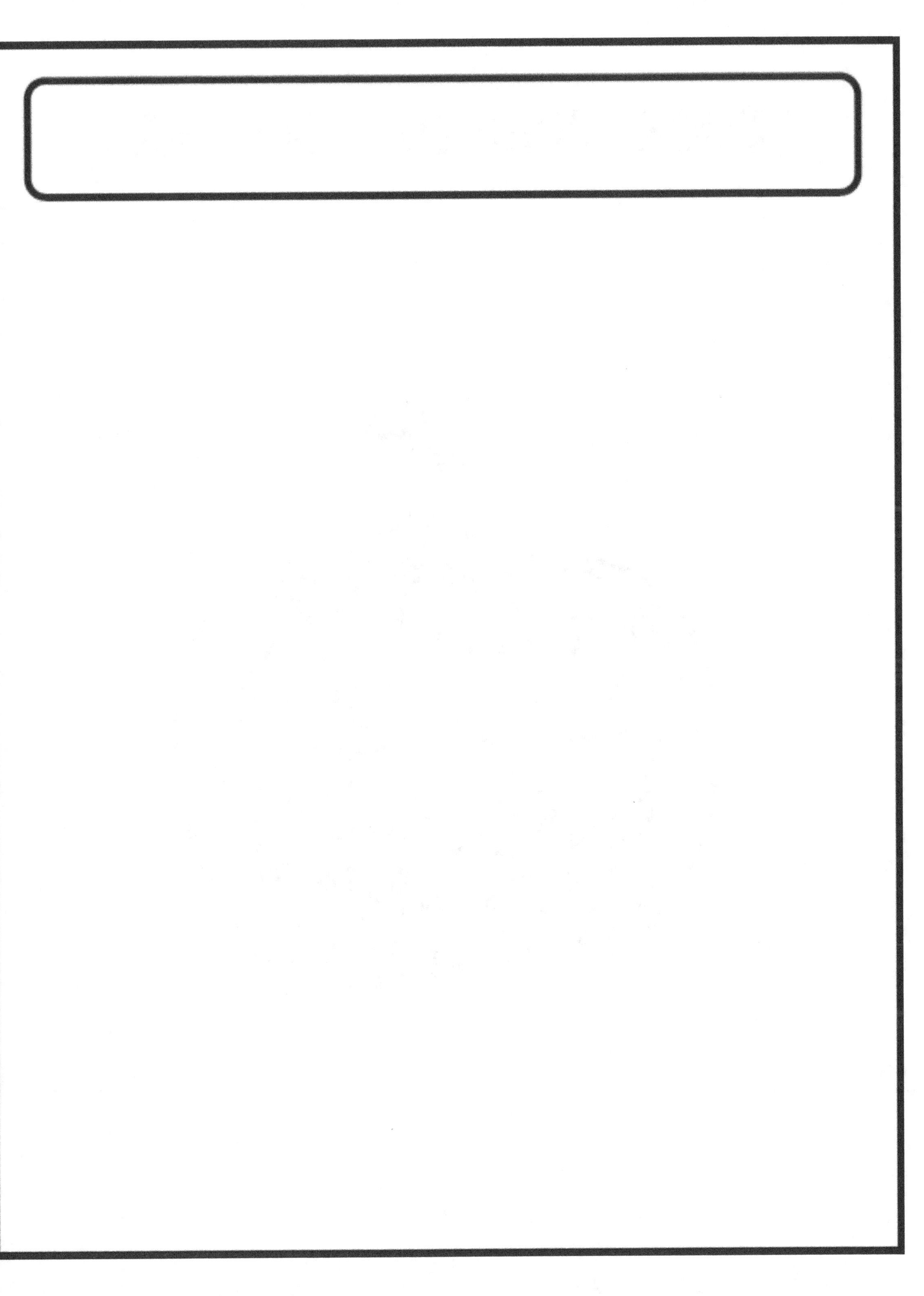

ZUCCA LIBRO DA COLORARE

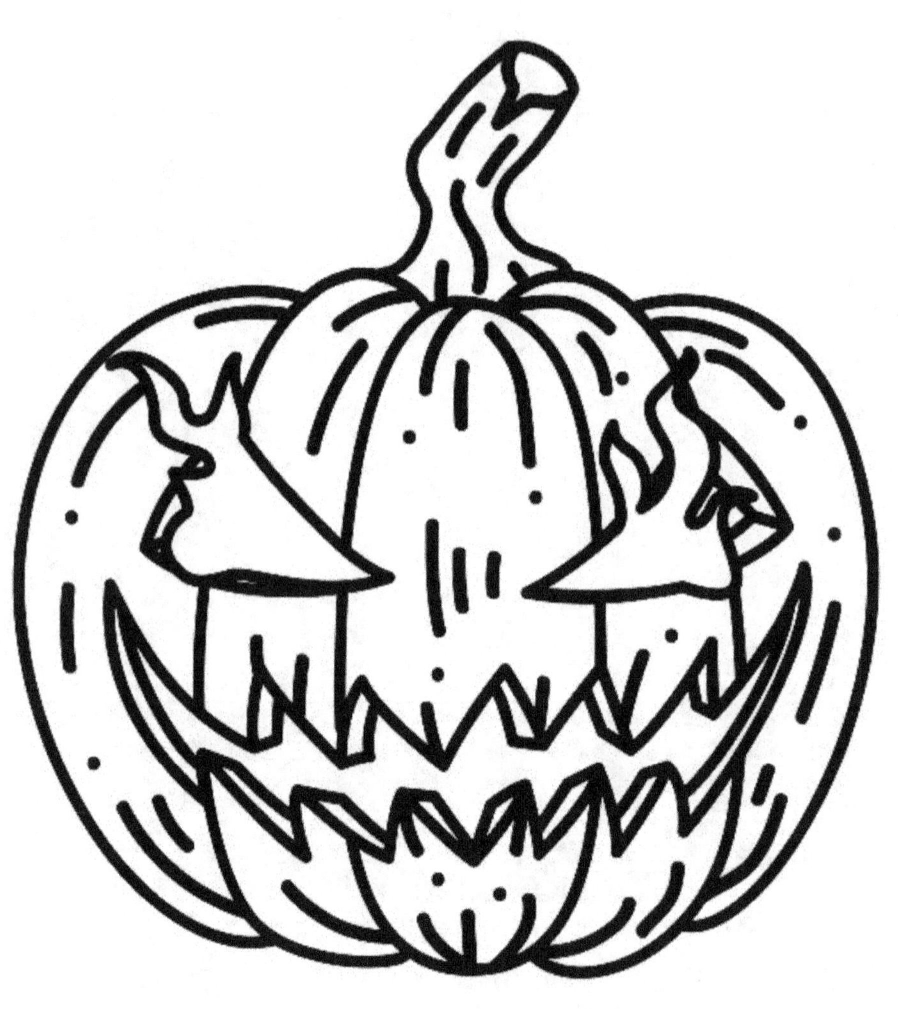

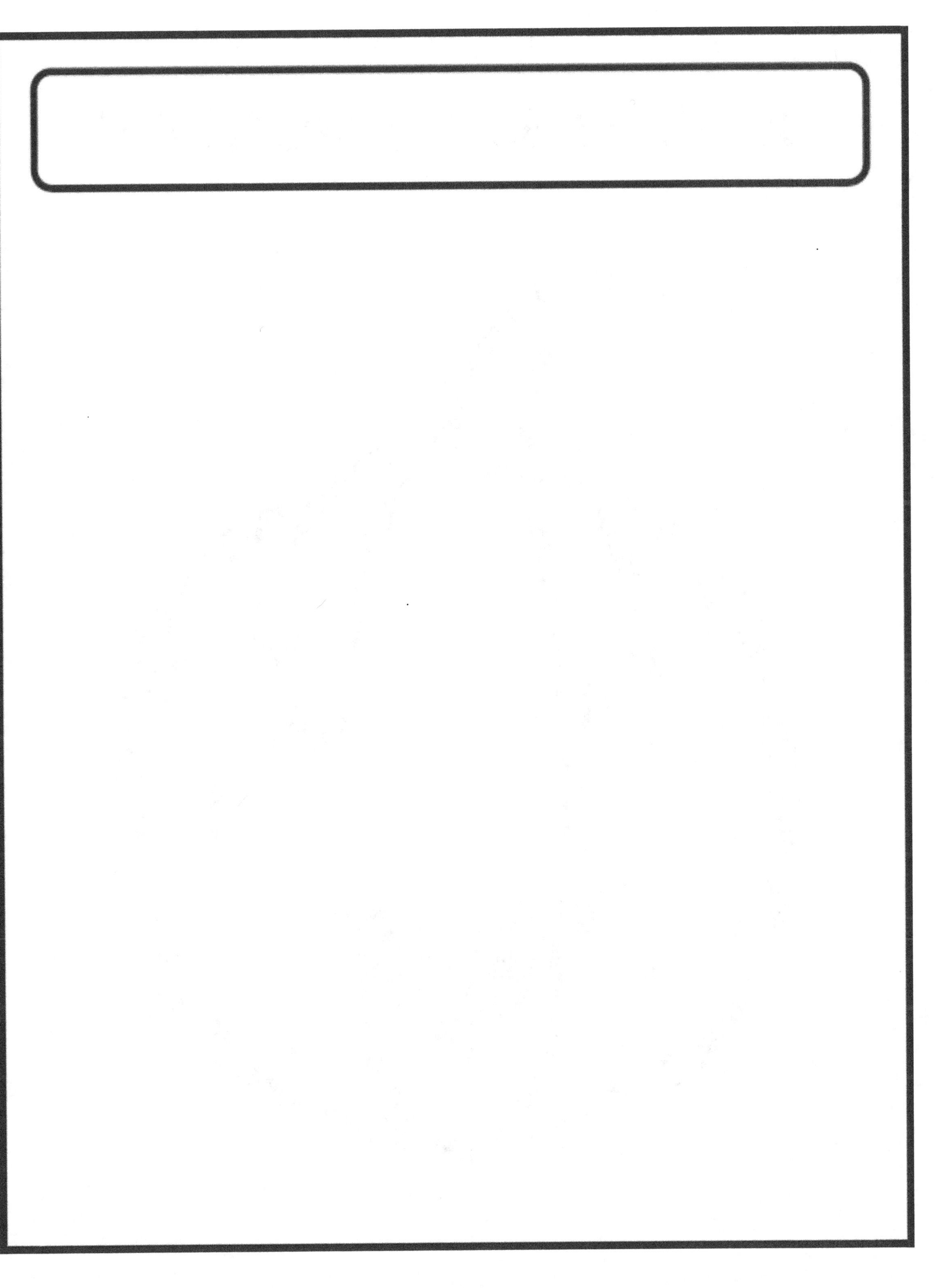

ZUCCA LIBRO DA COLORARE

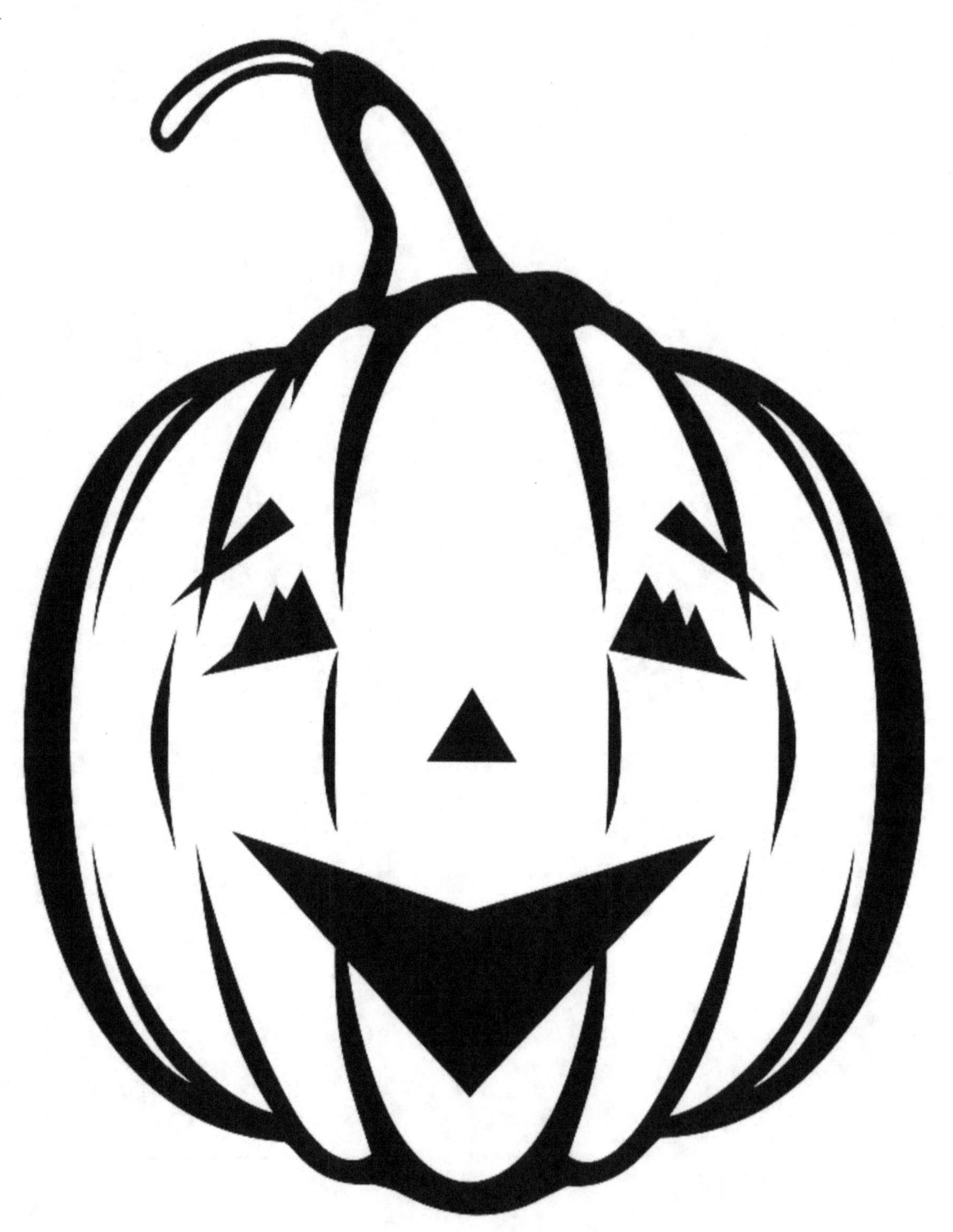

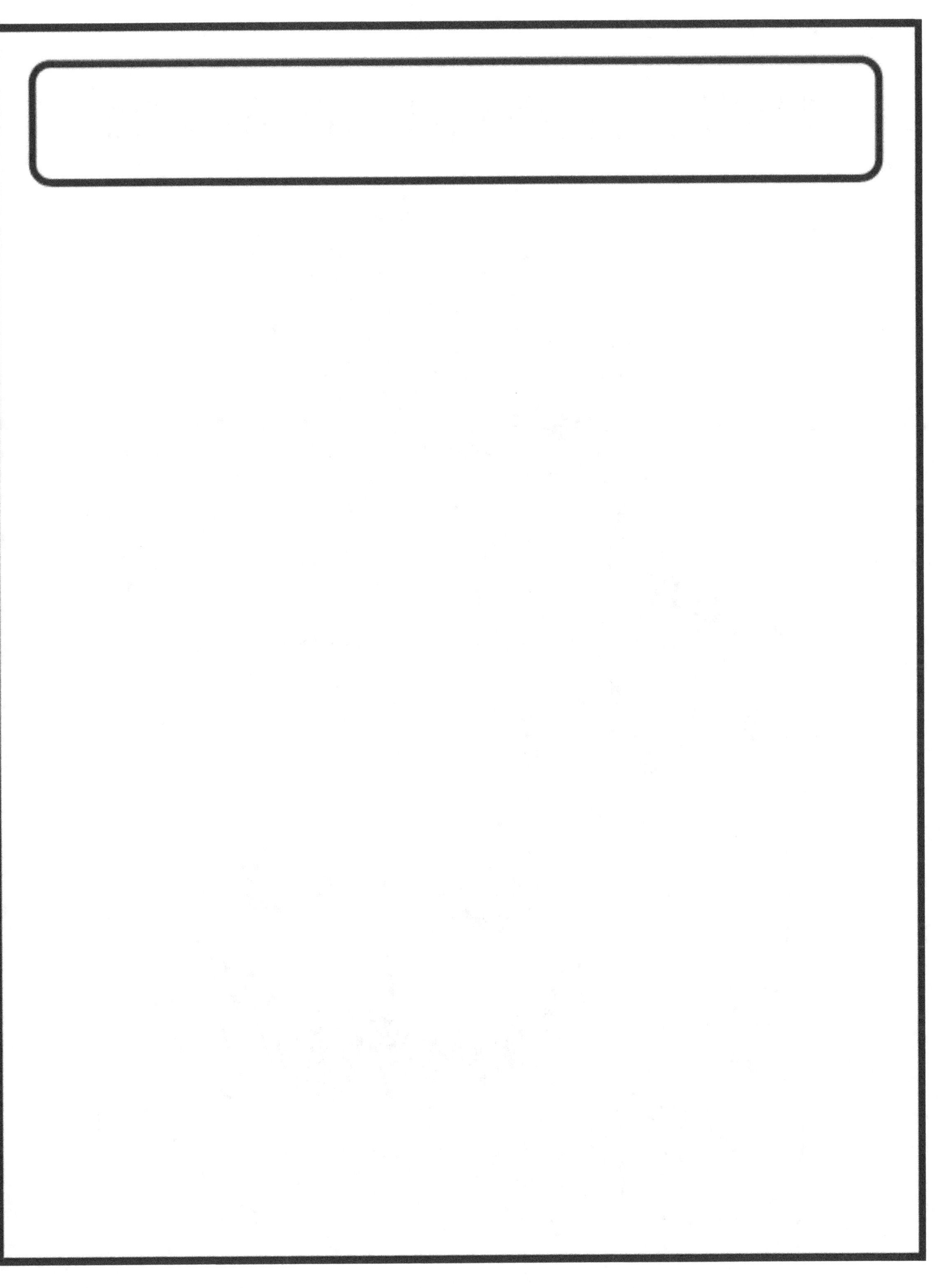

ZUCCA LIBRO DA COLORARE

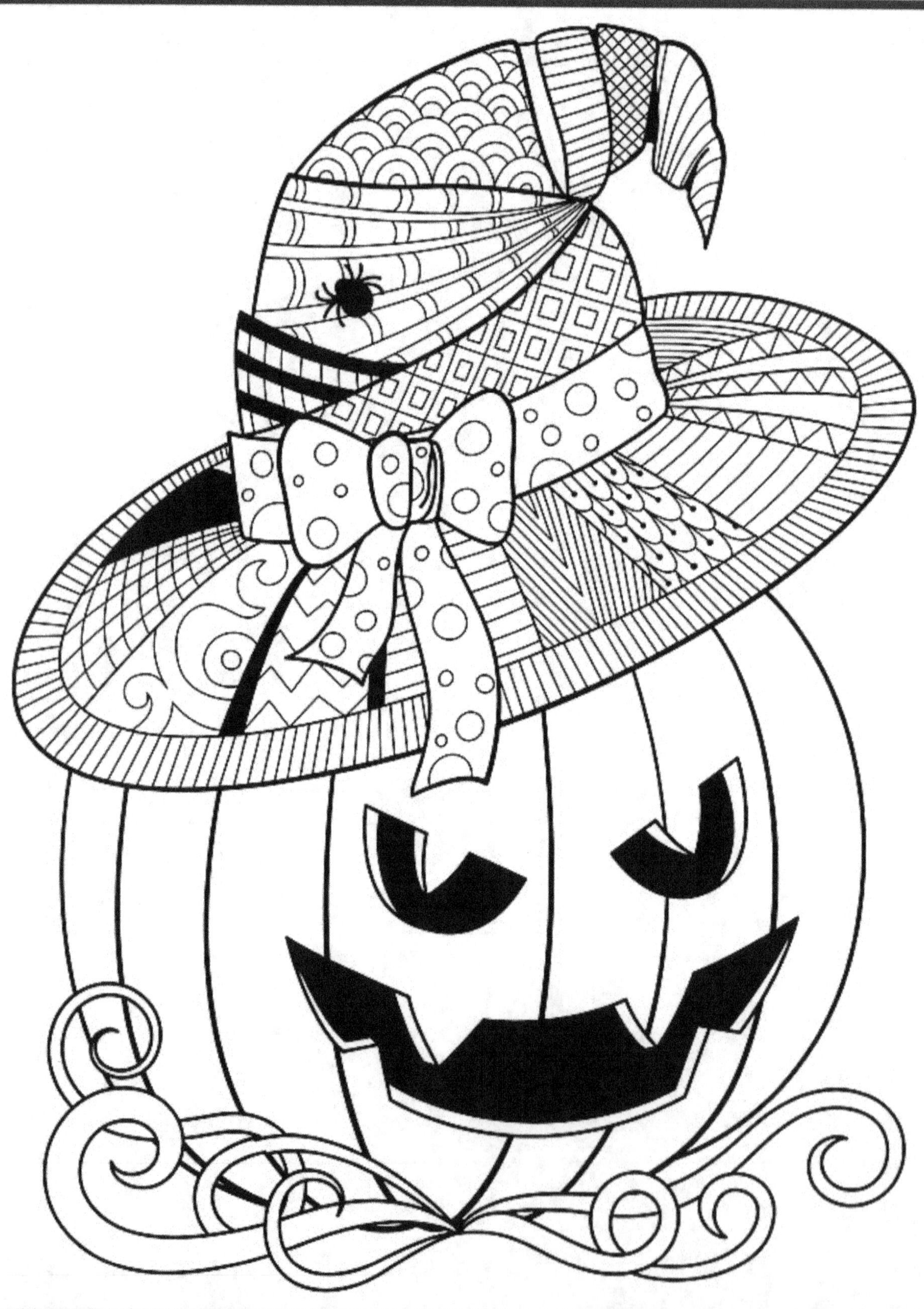

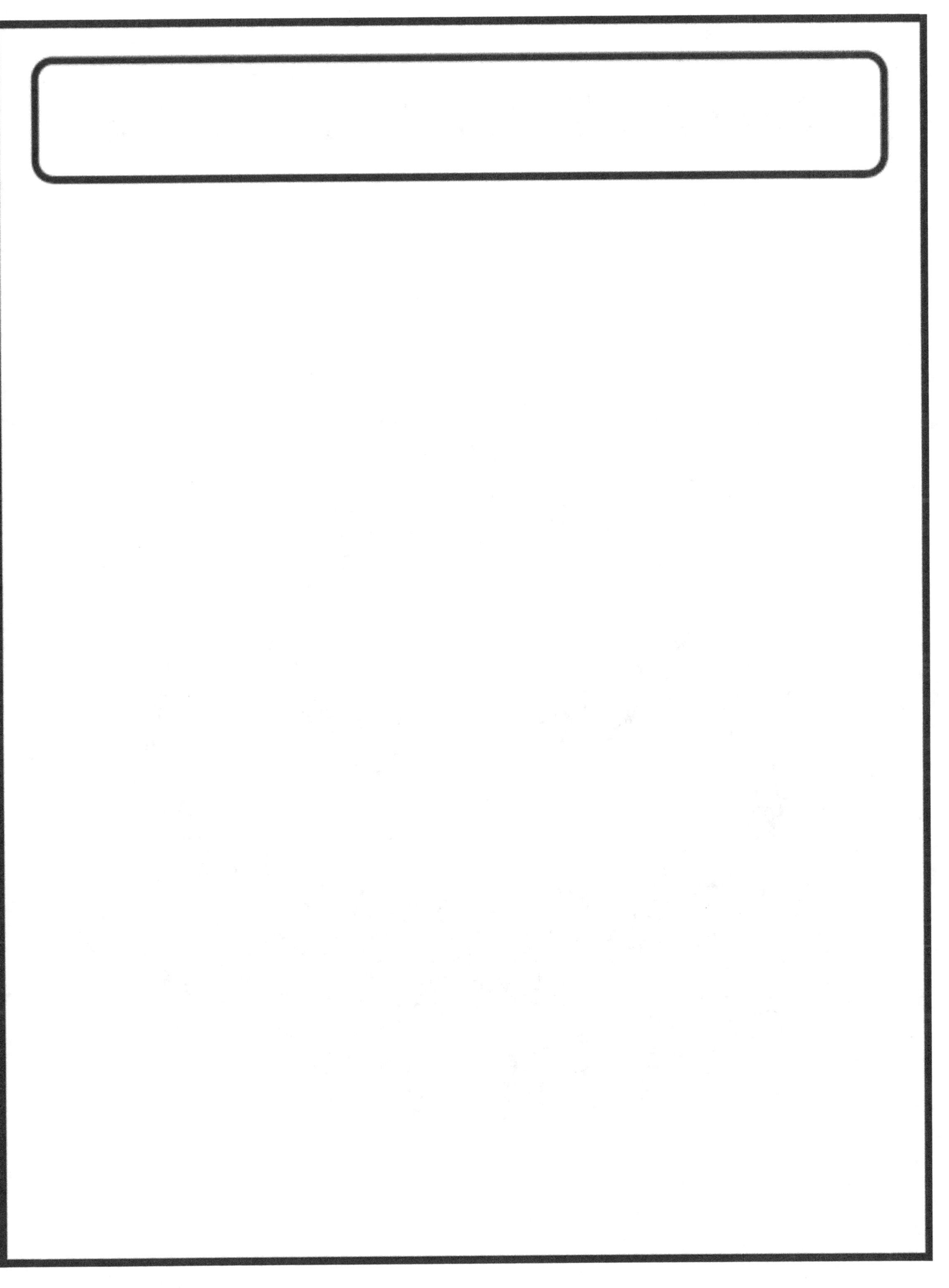

ZUCCA LIBRO DA COLORARE

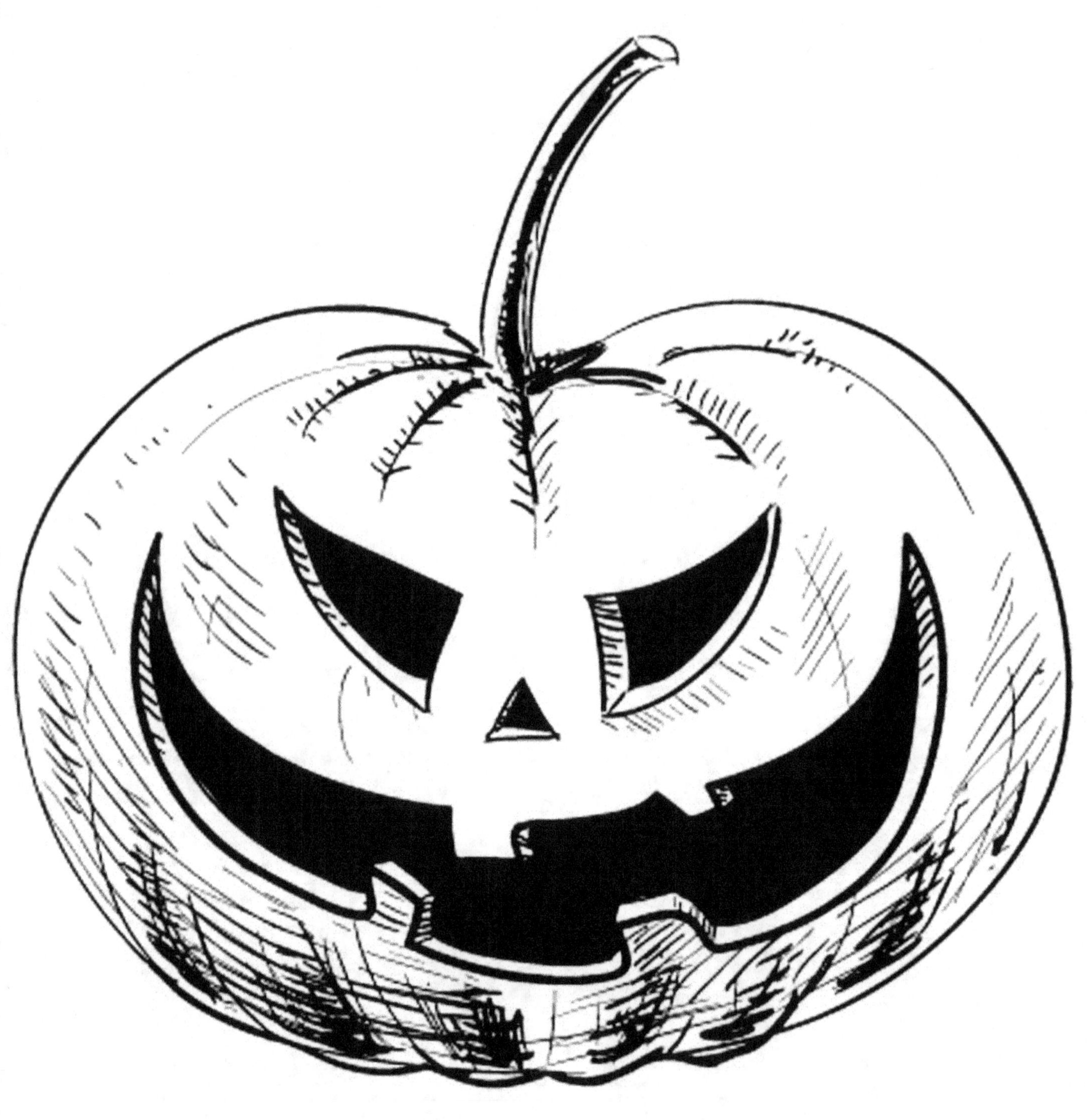

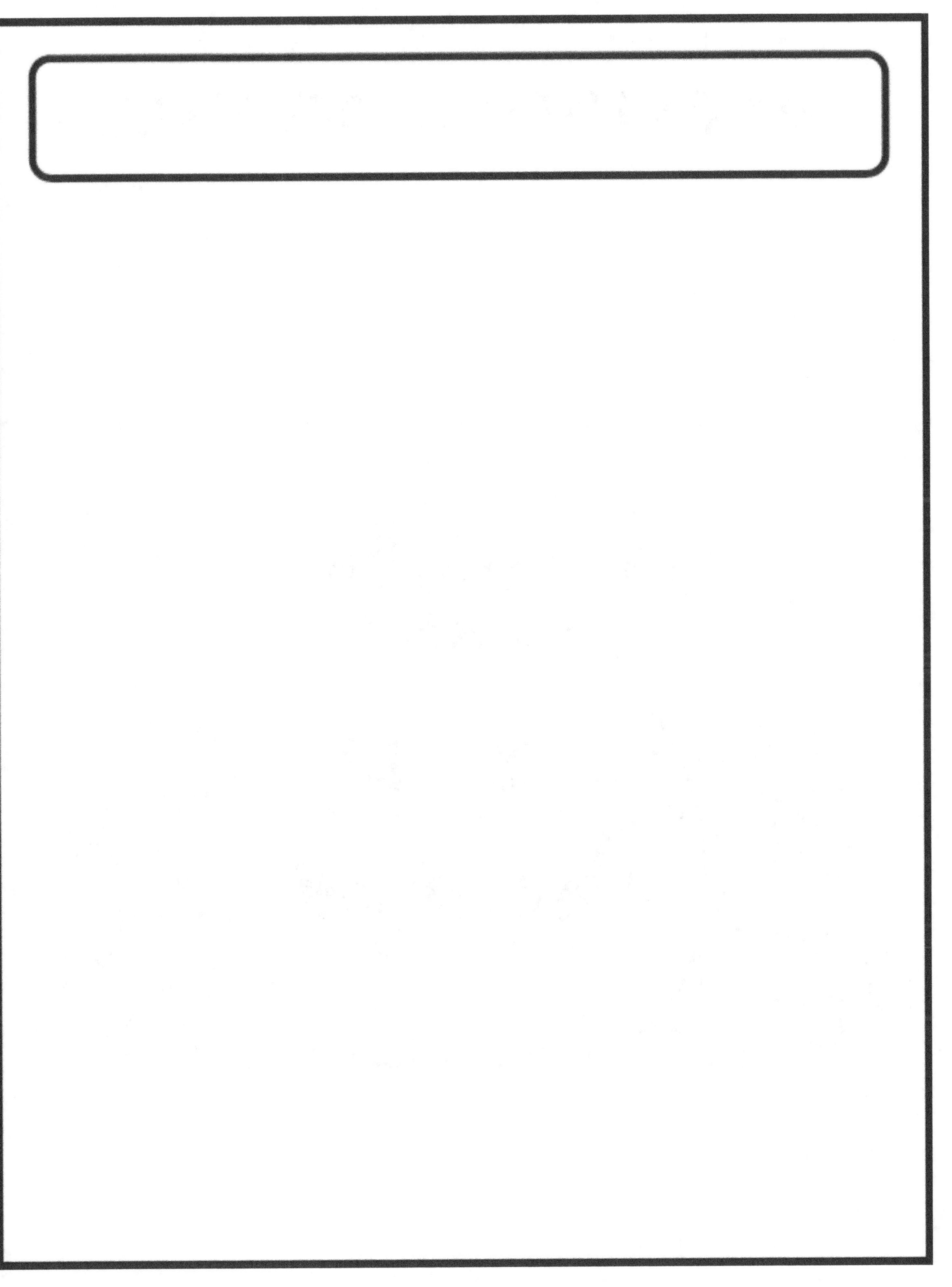

ZUCCA LIBRO DA COLORARE

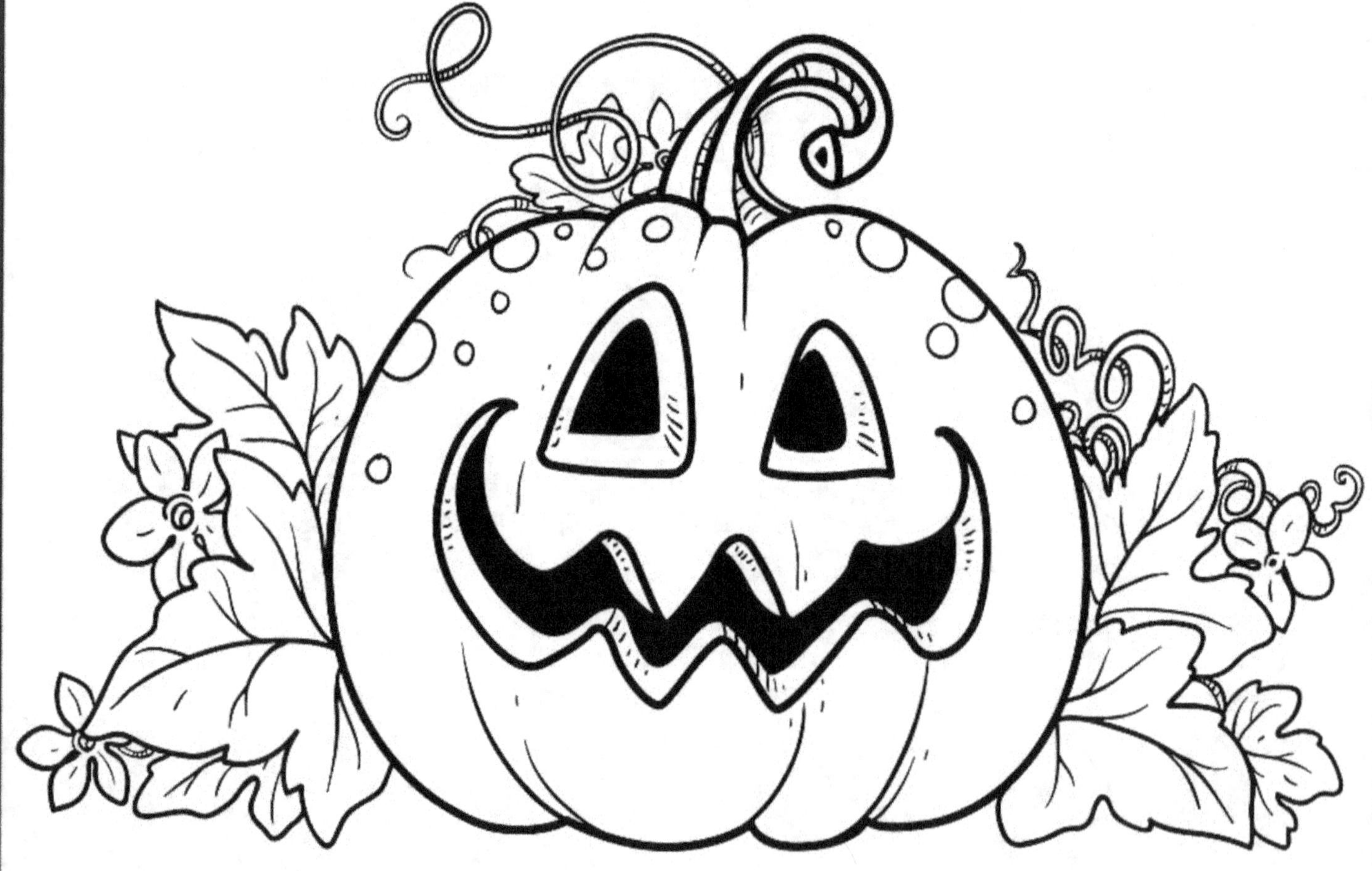

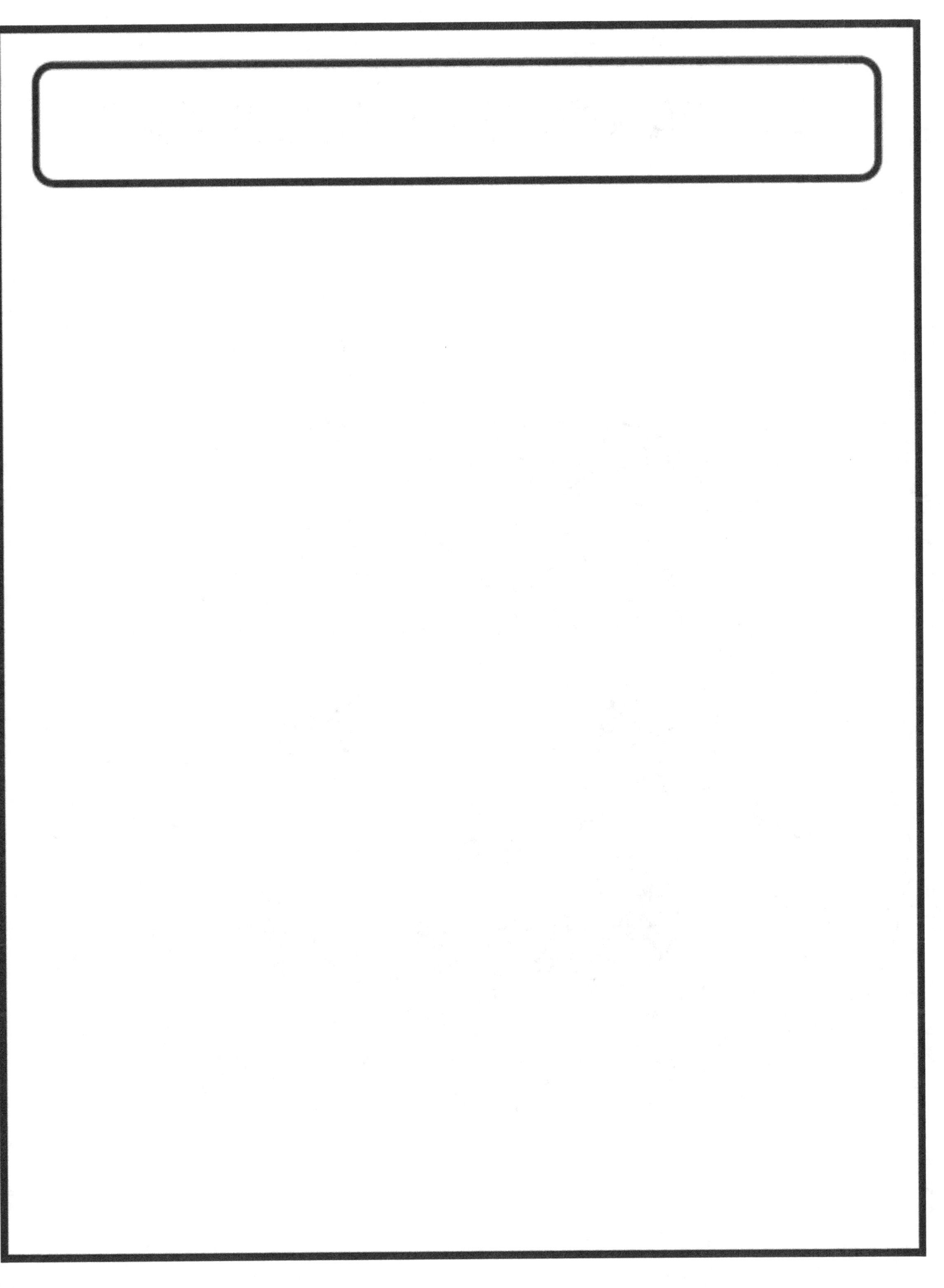

ZUCCA LIBRO DA COLORARE

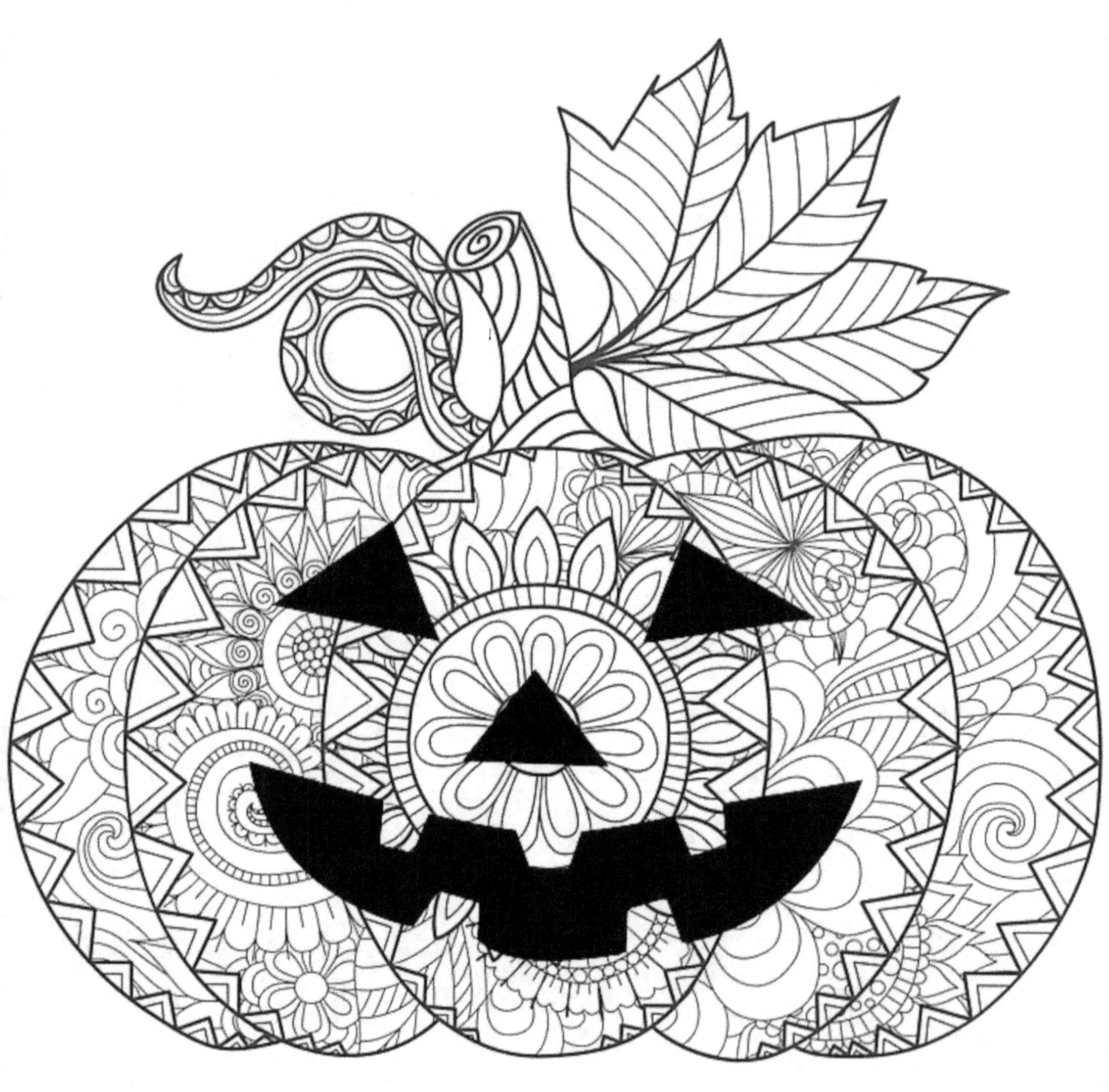

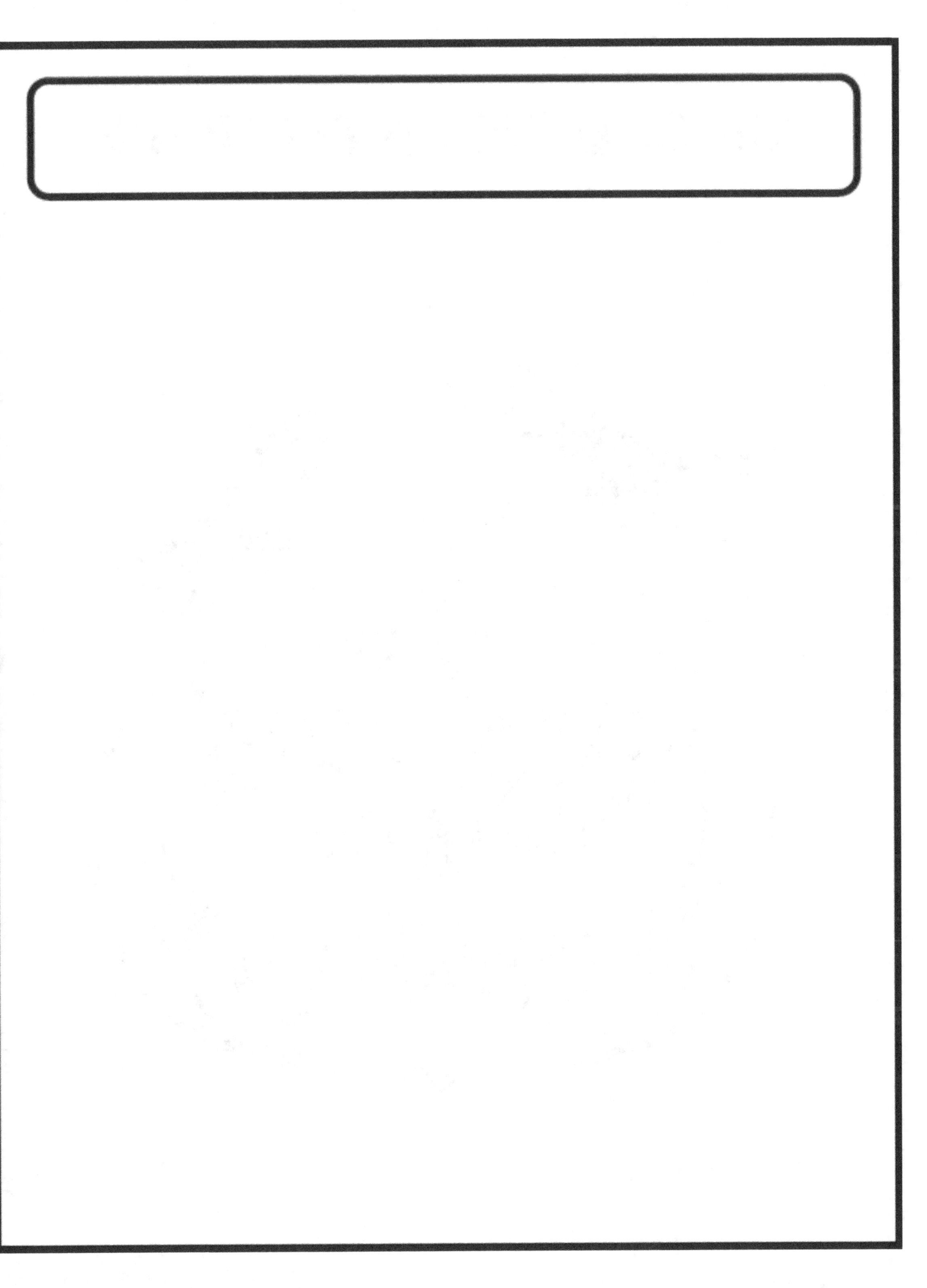

ZUCCA LIBRO DA COLORARE

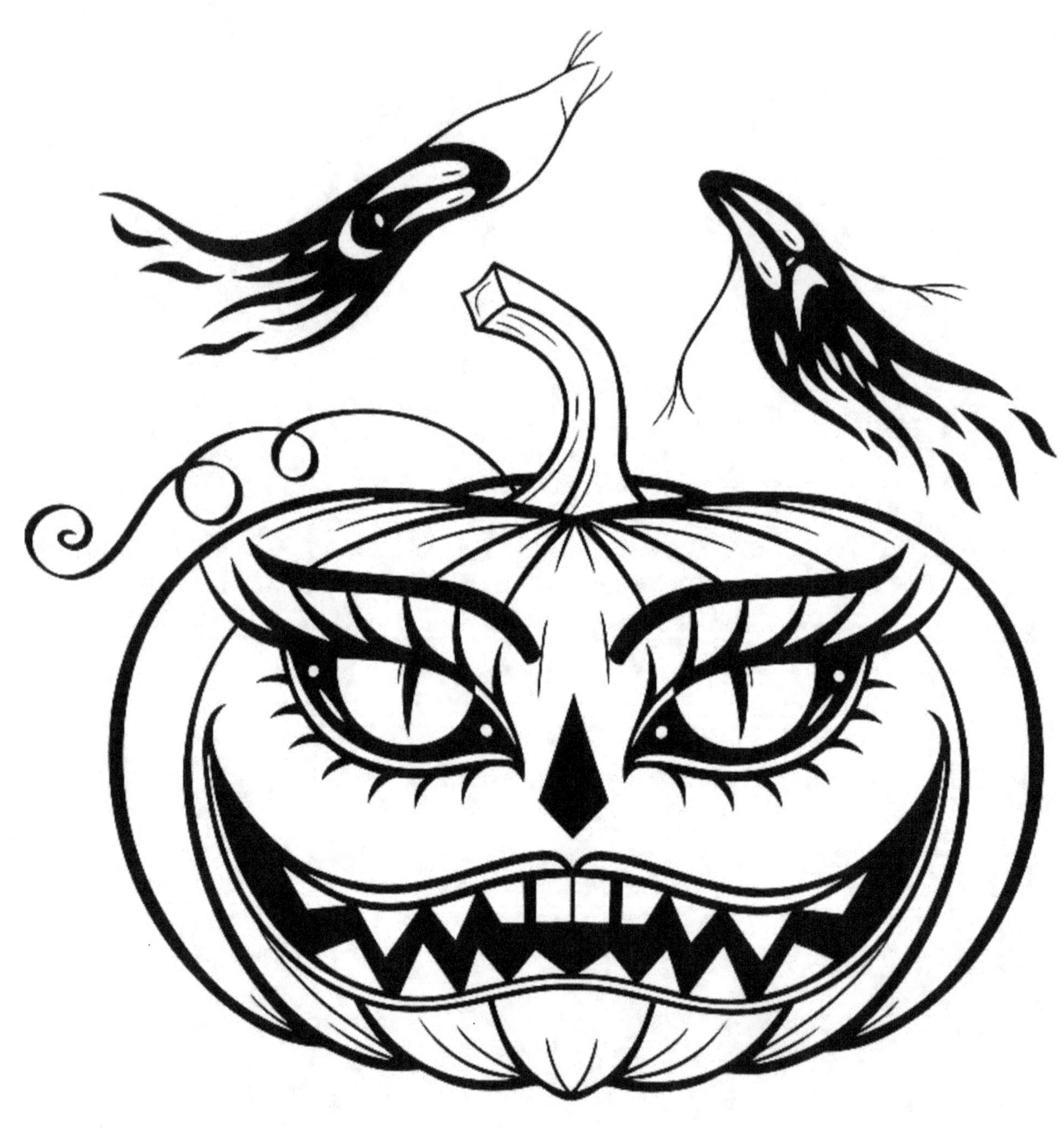

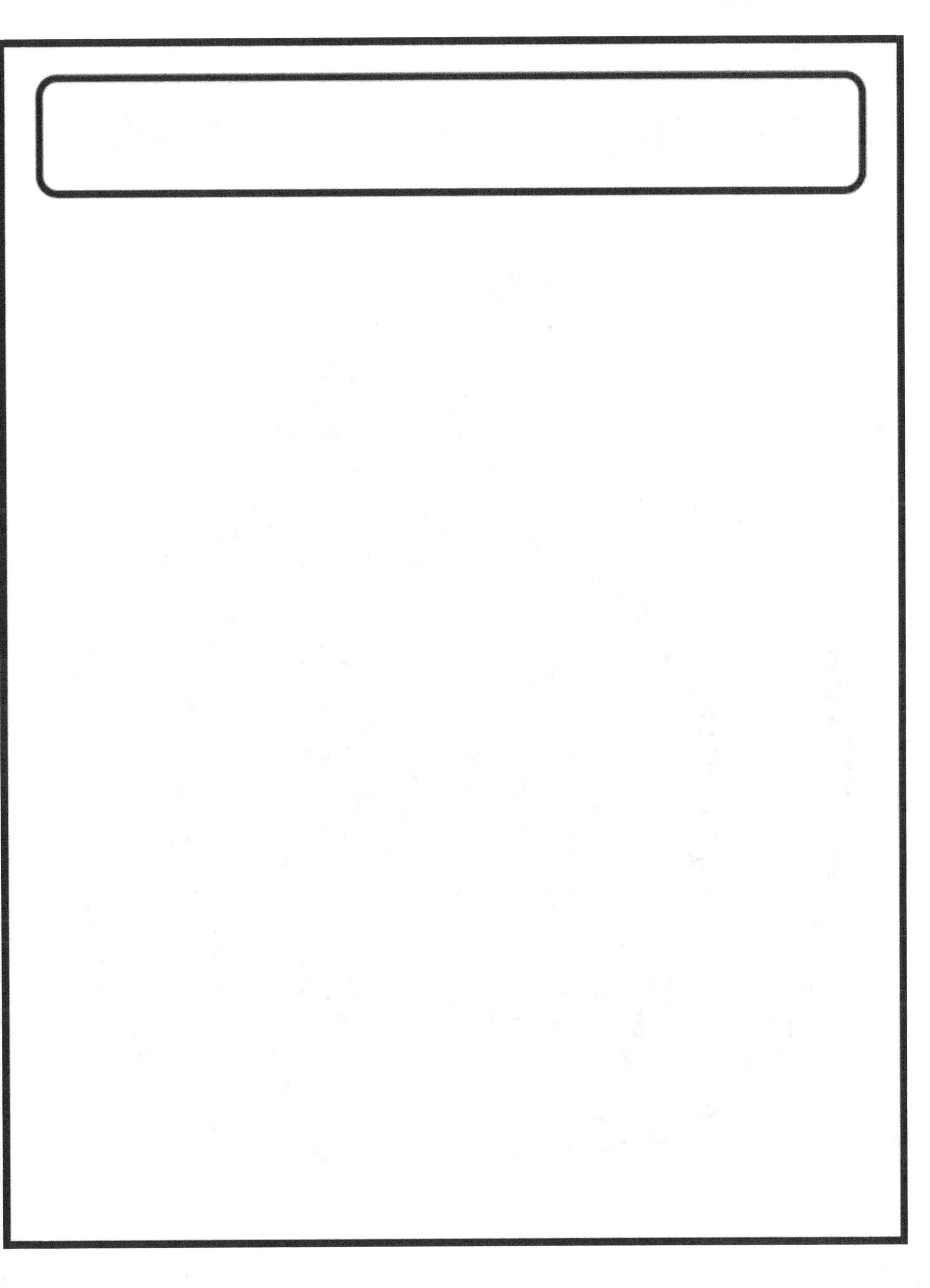

ZUCCA LIBRO DA COLORARE

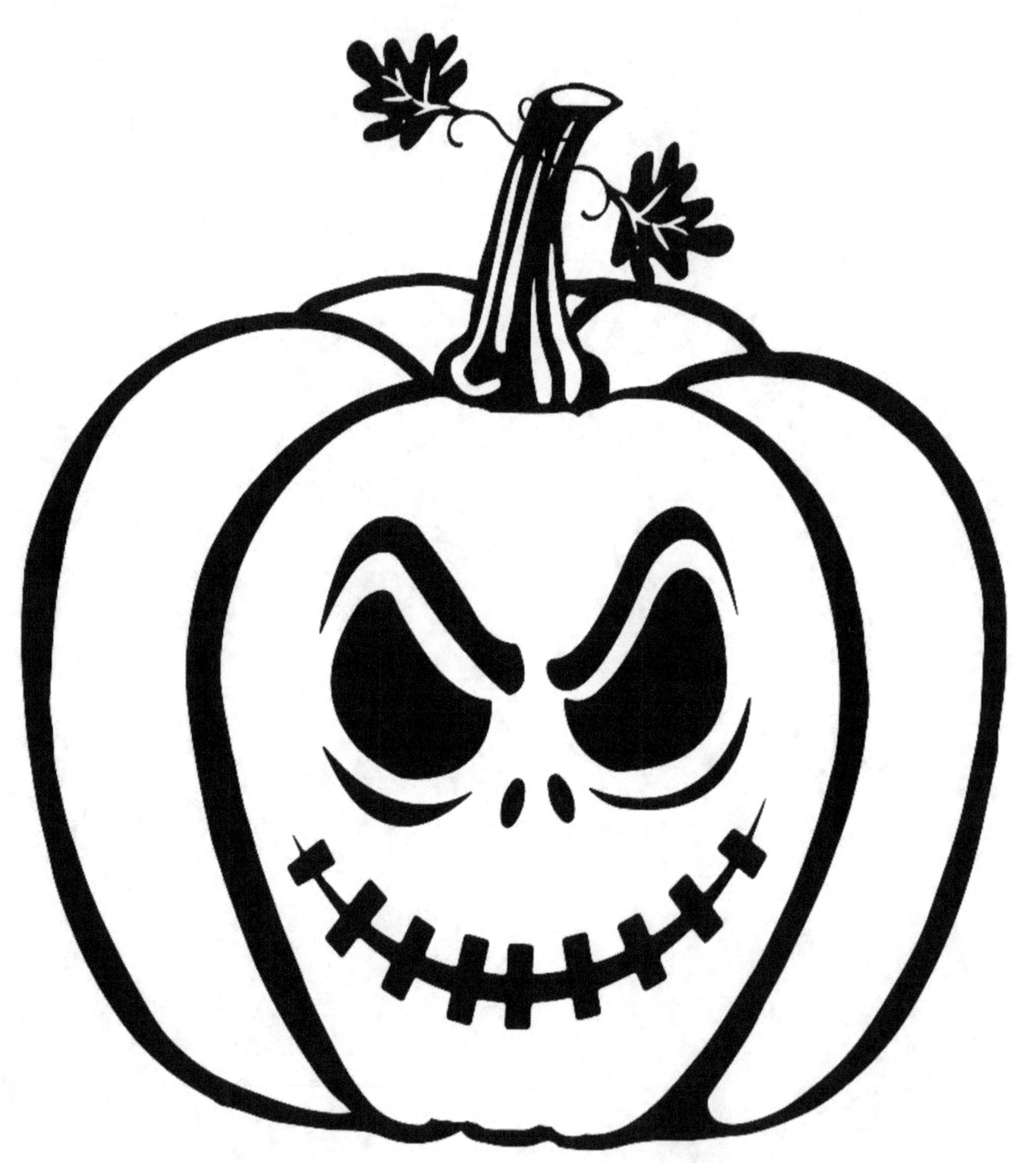

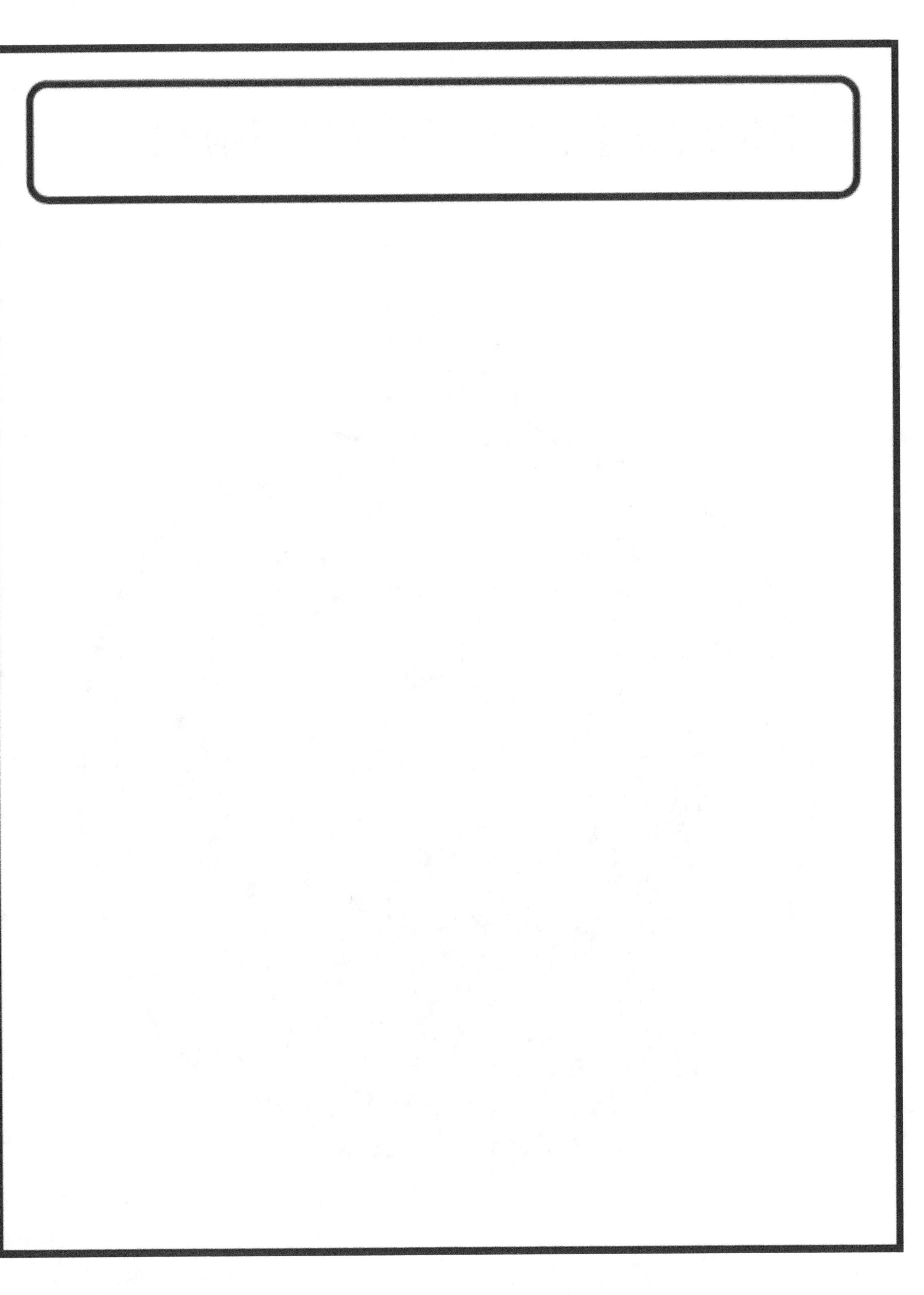

ZUCCA LIBRO DA COLORARE

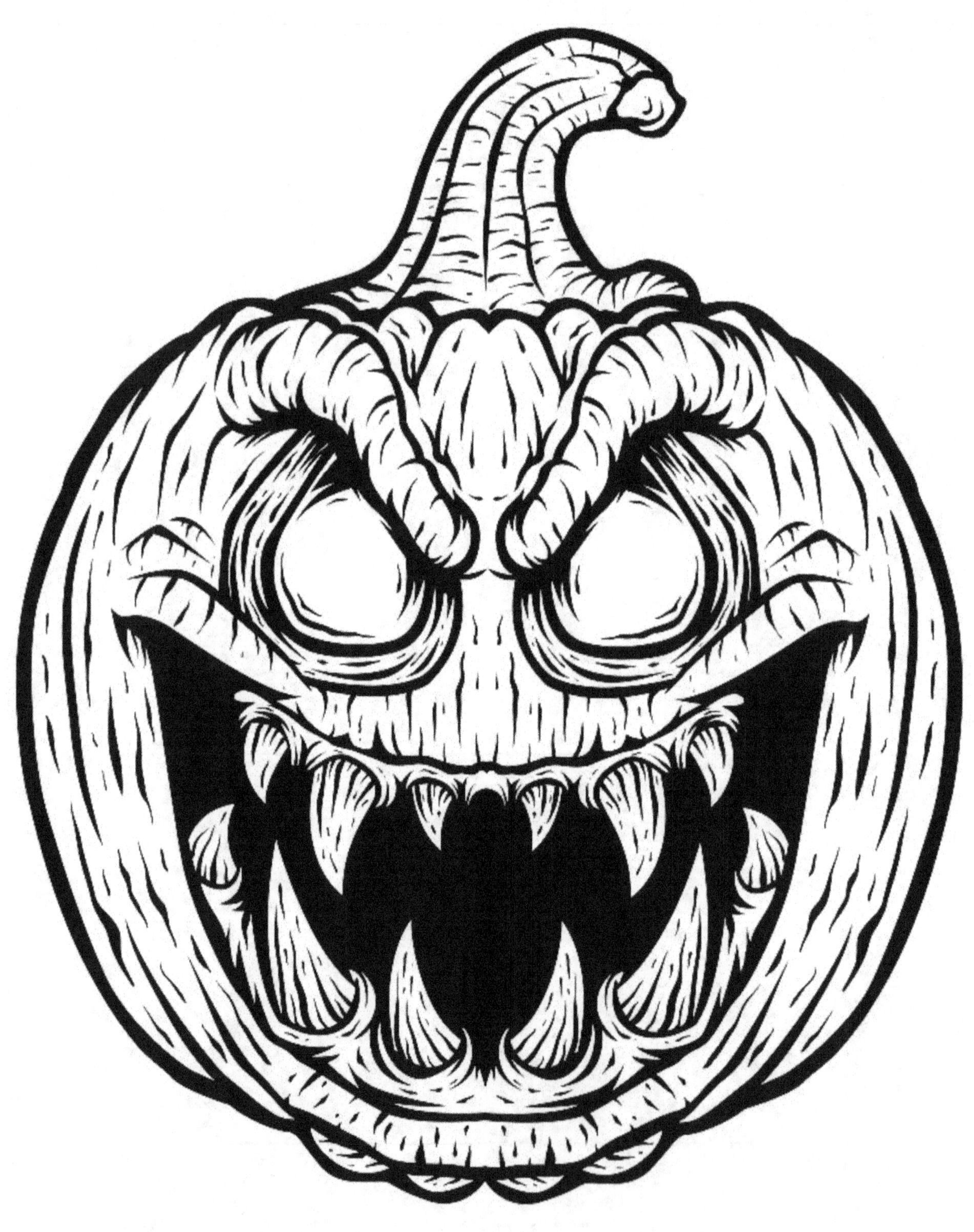

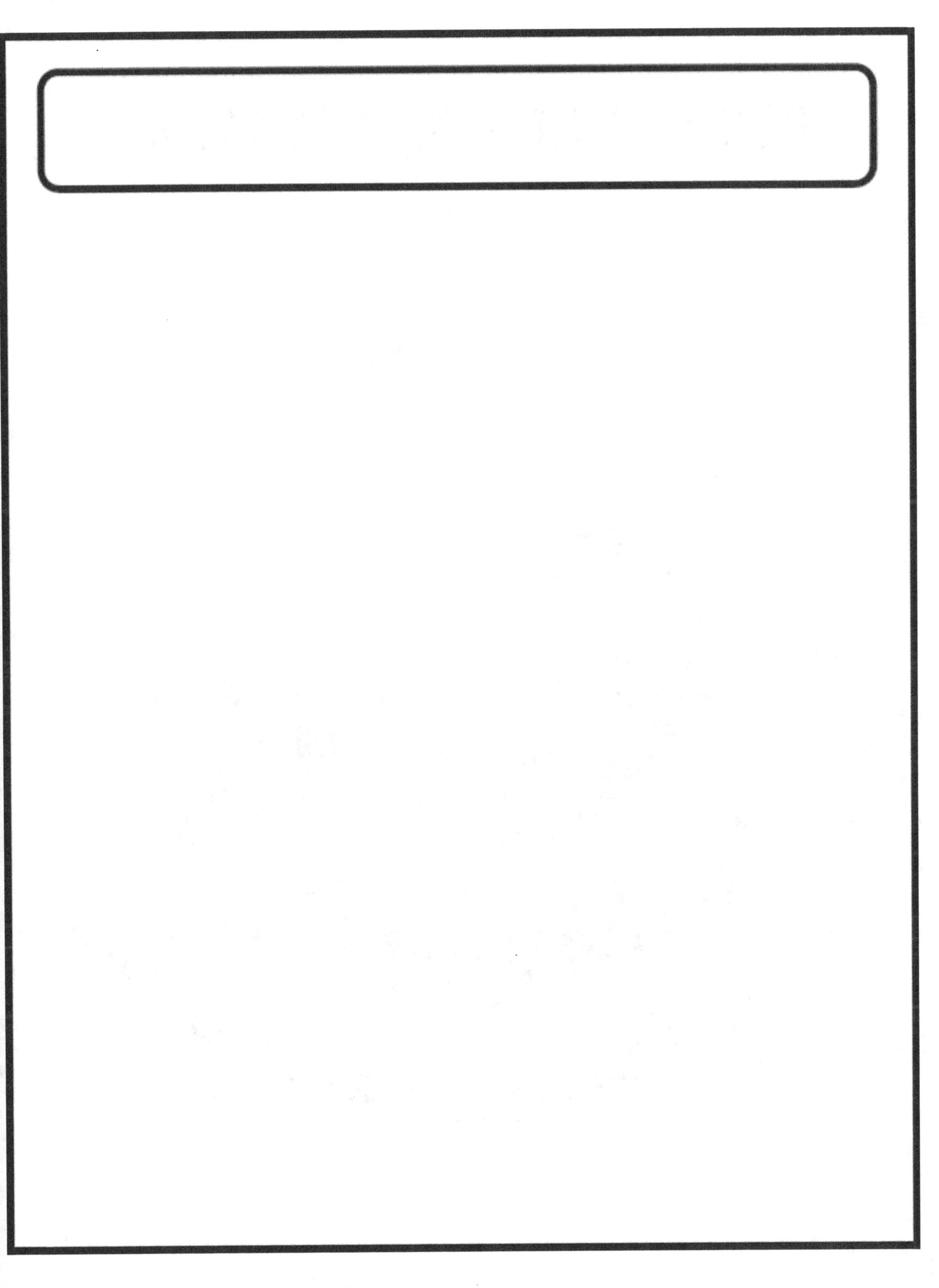

ZUCCA LIBRO DA COLORARE

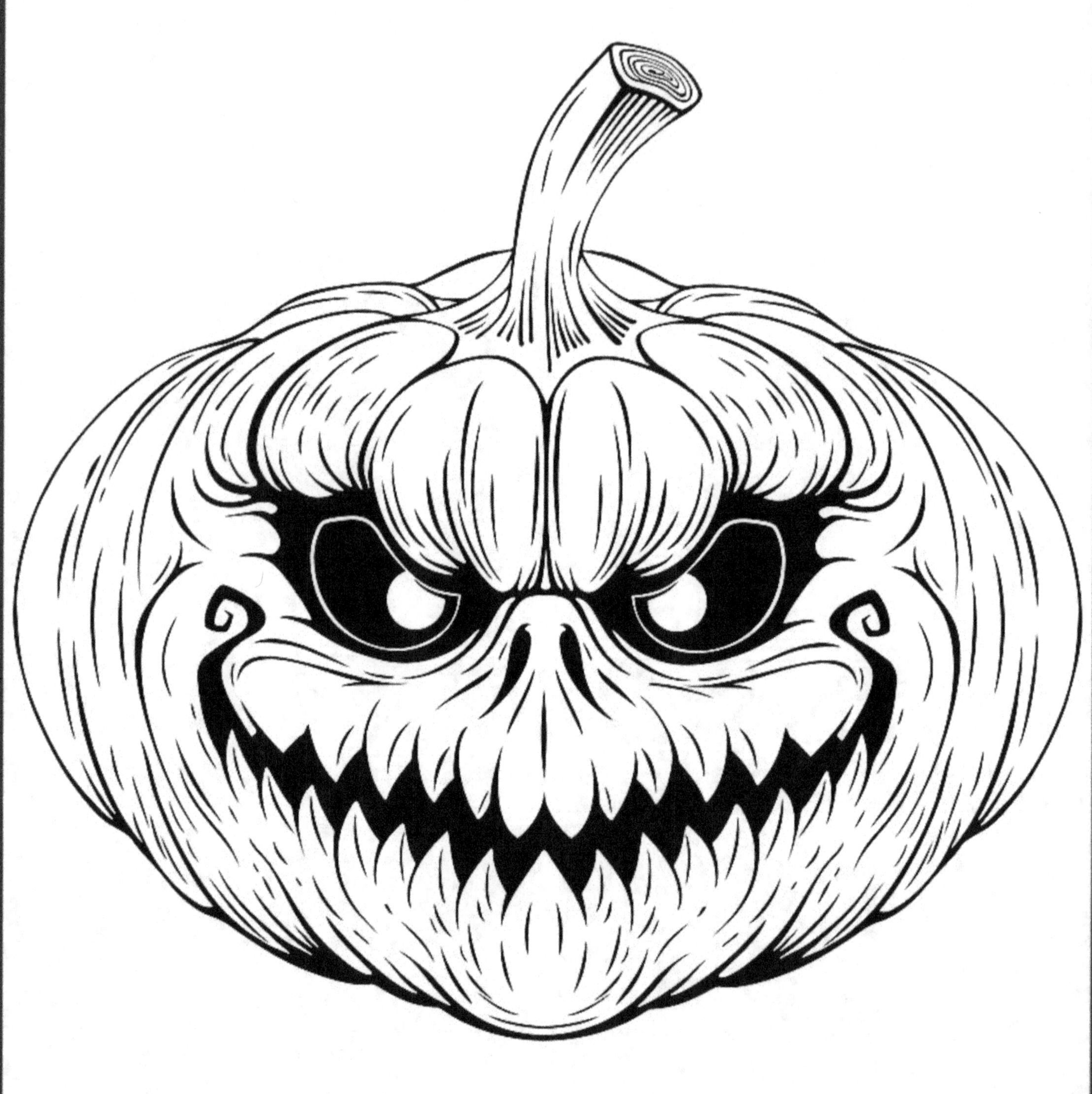

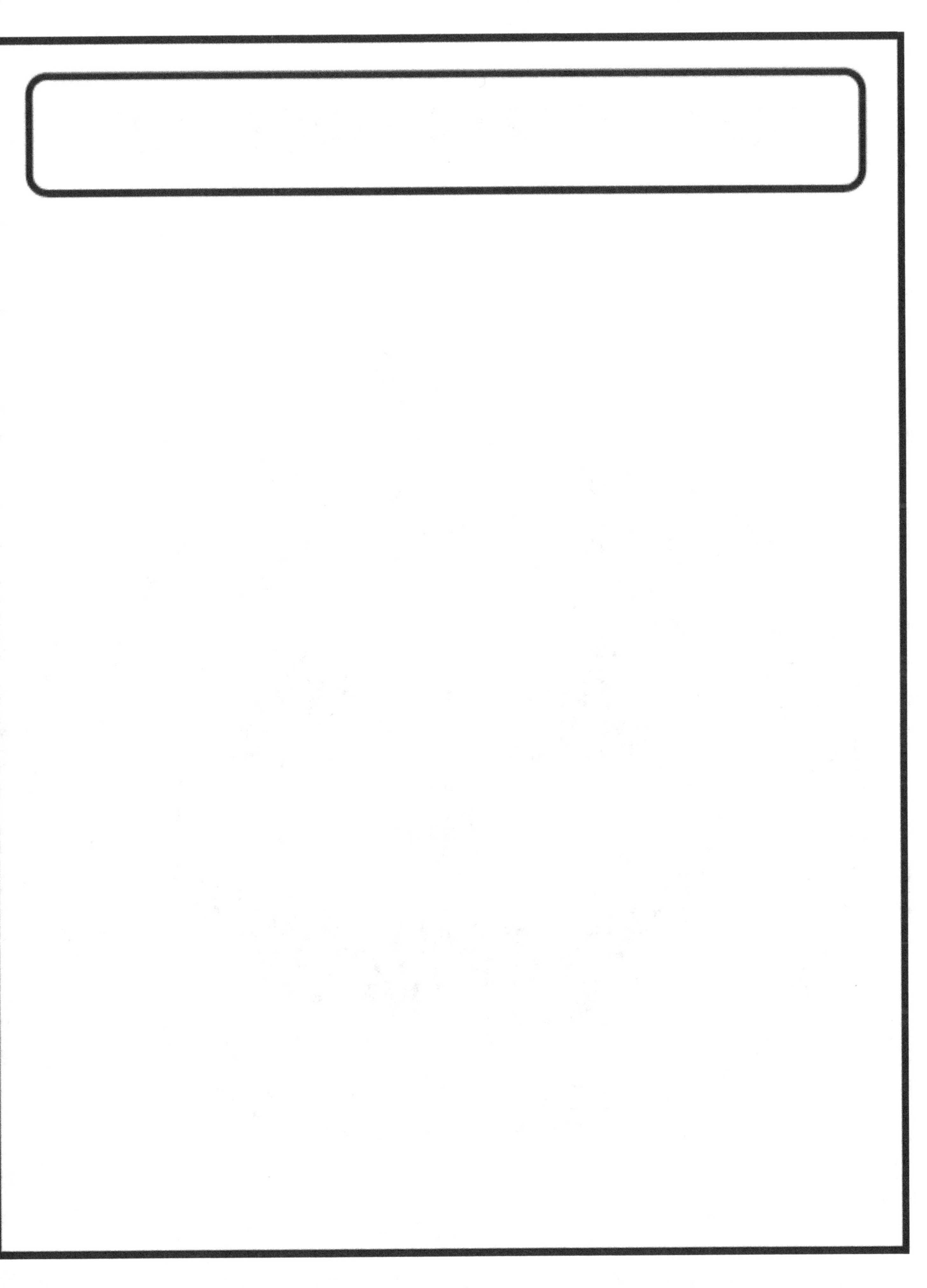

ZUCCA LIBRO DA COLORARE

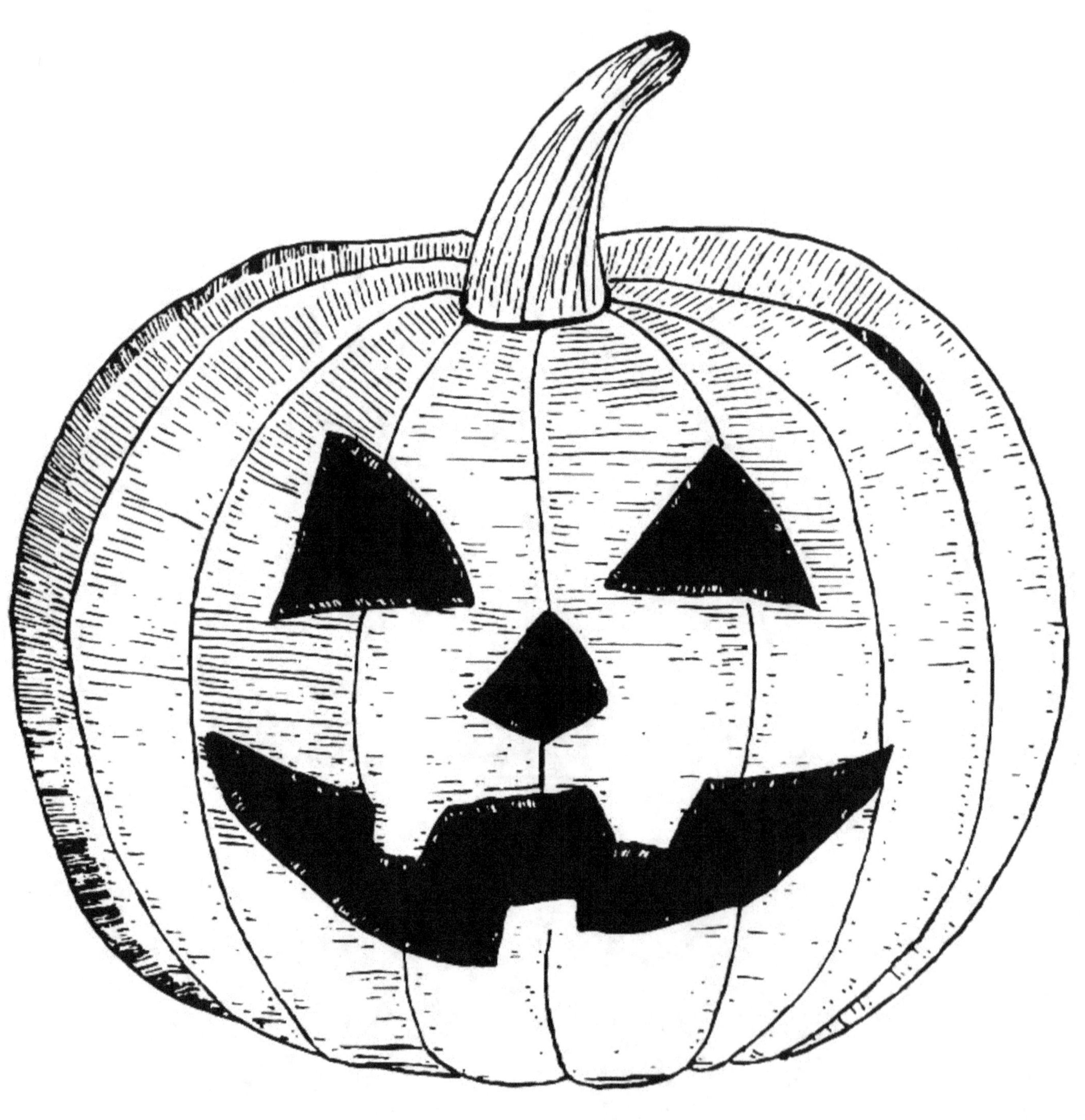

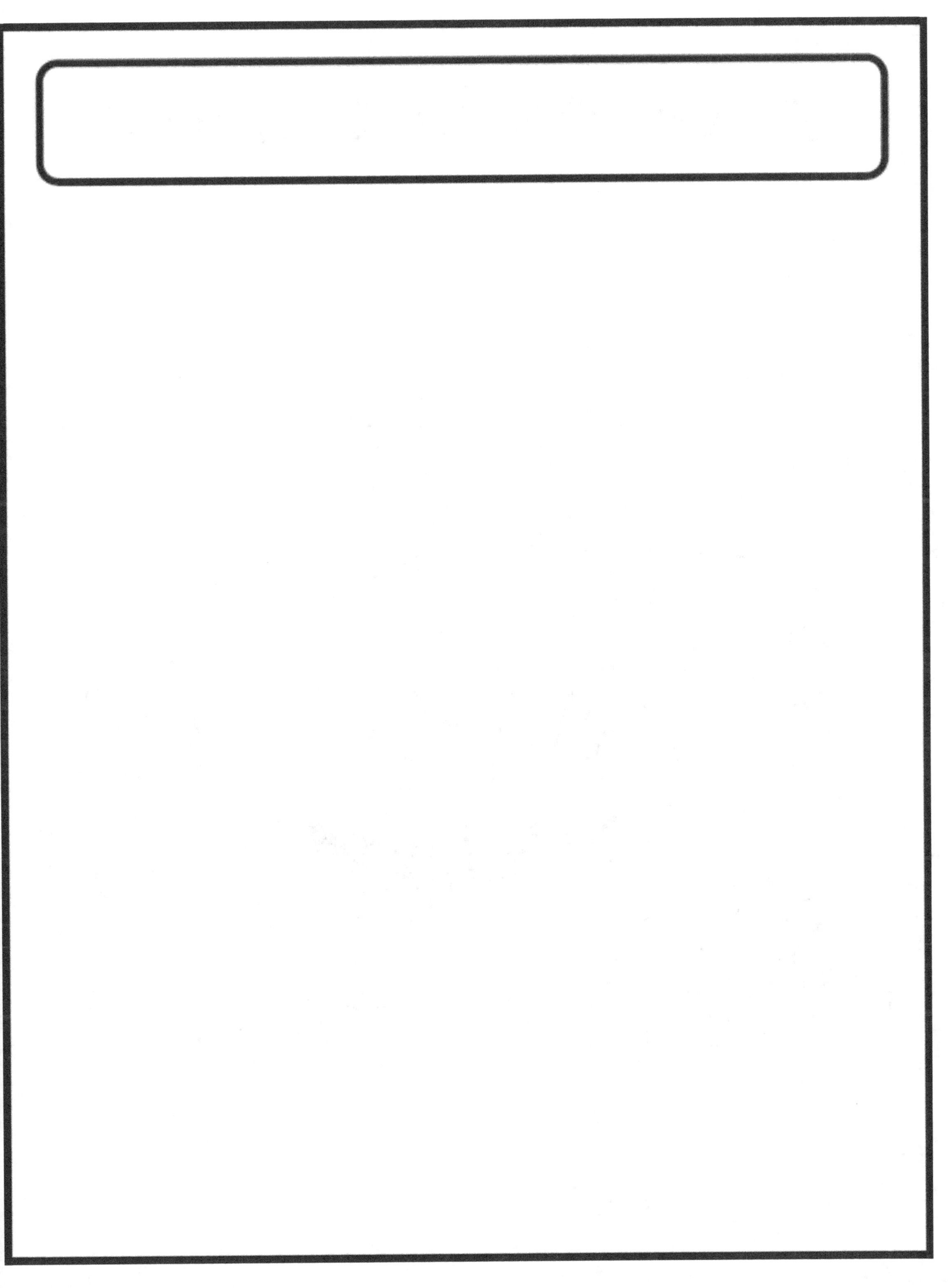

ZUCCA LIBRO DA COLORARE

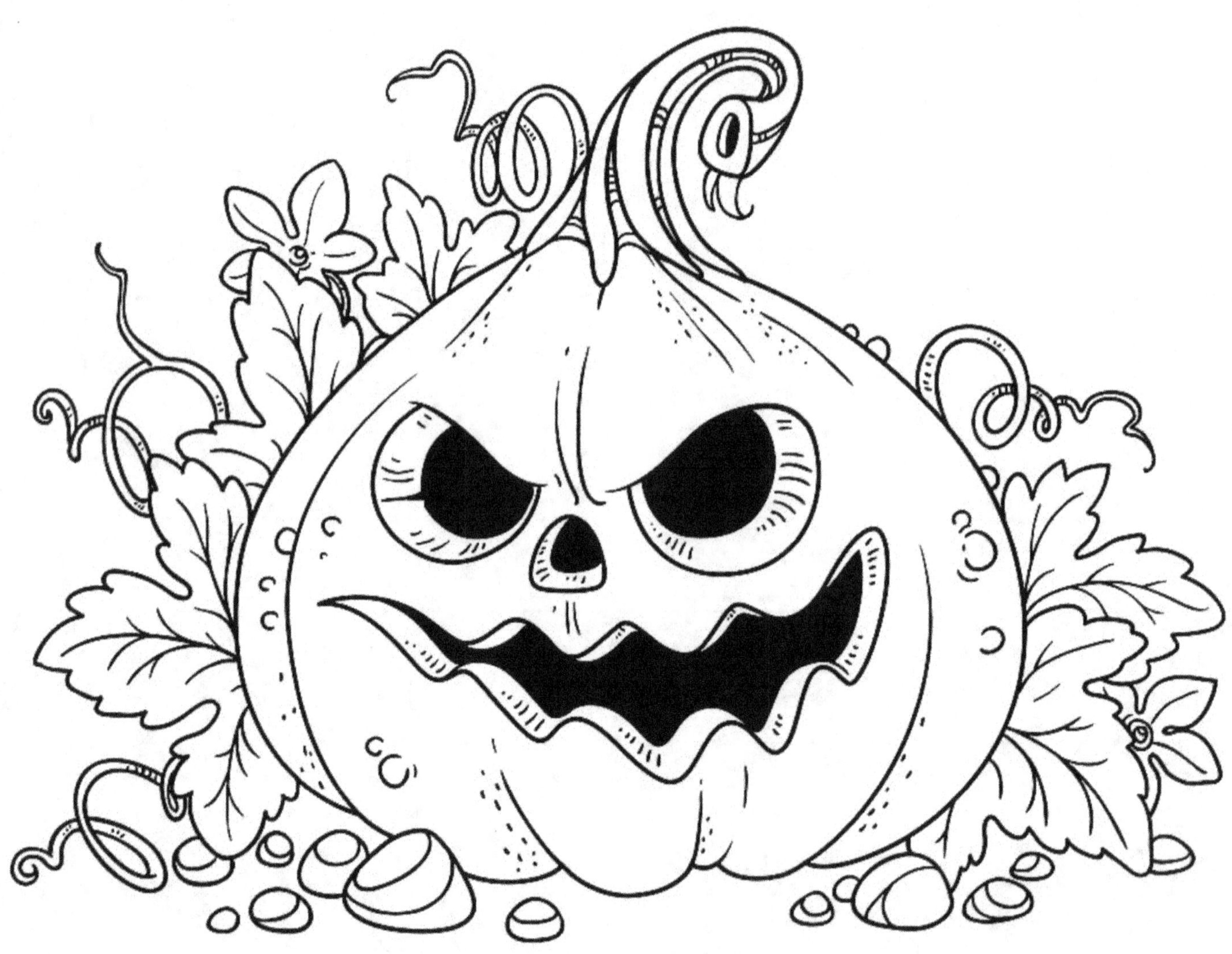

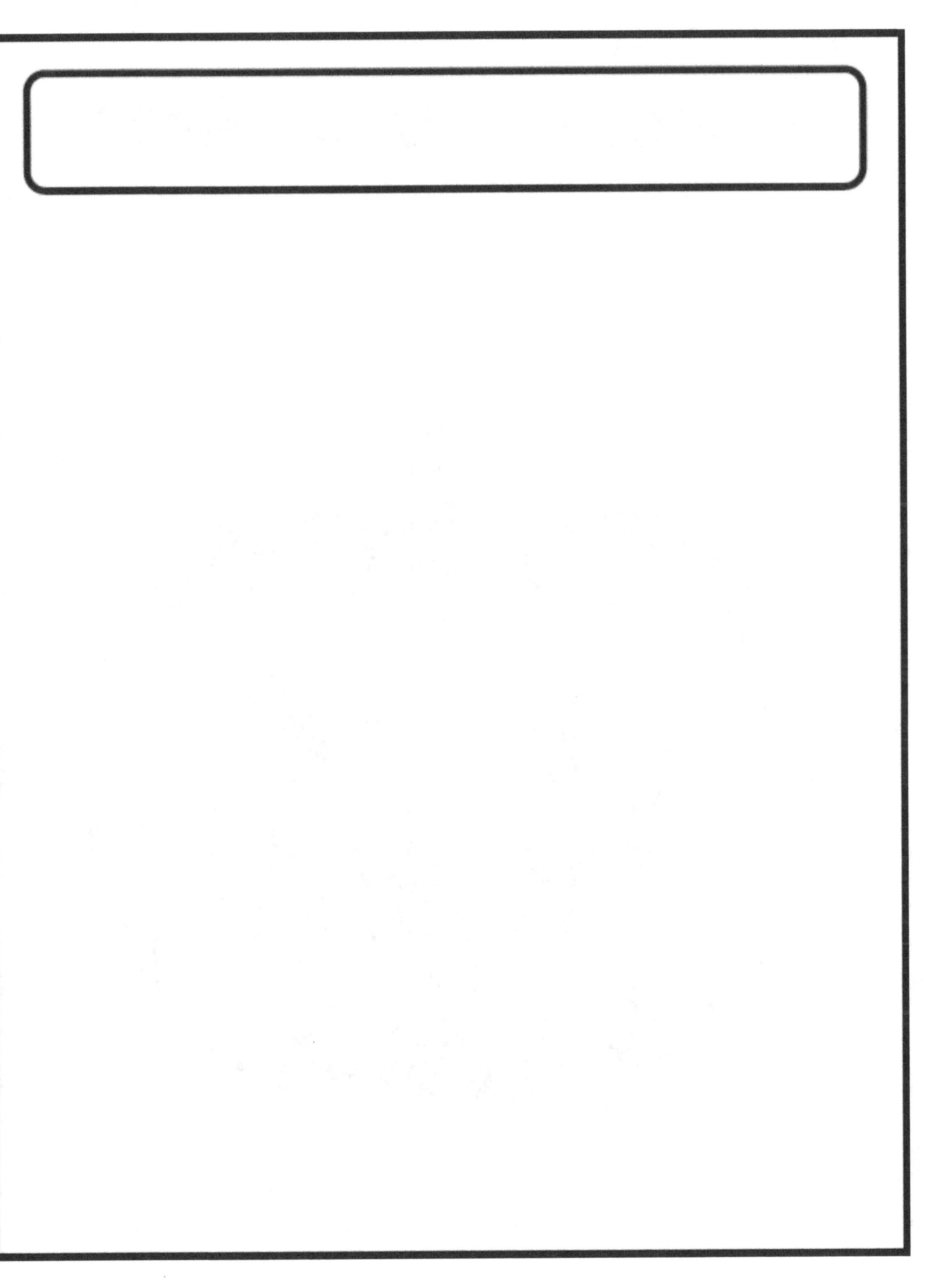

ZUCCA LIBRO DA COLORARE

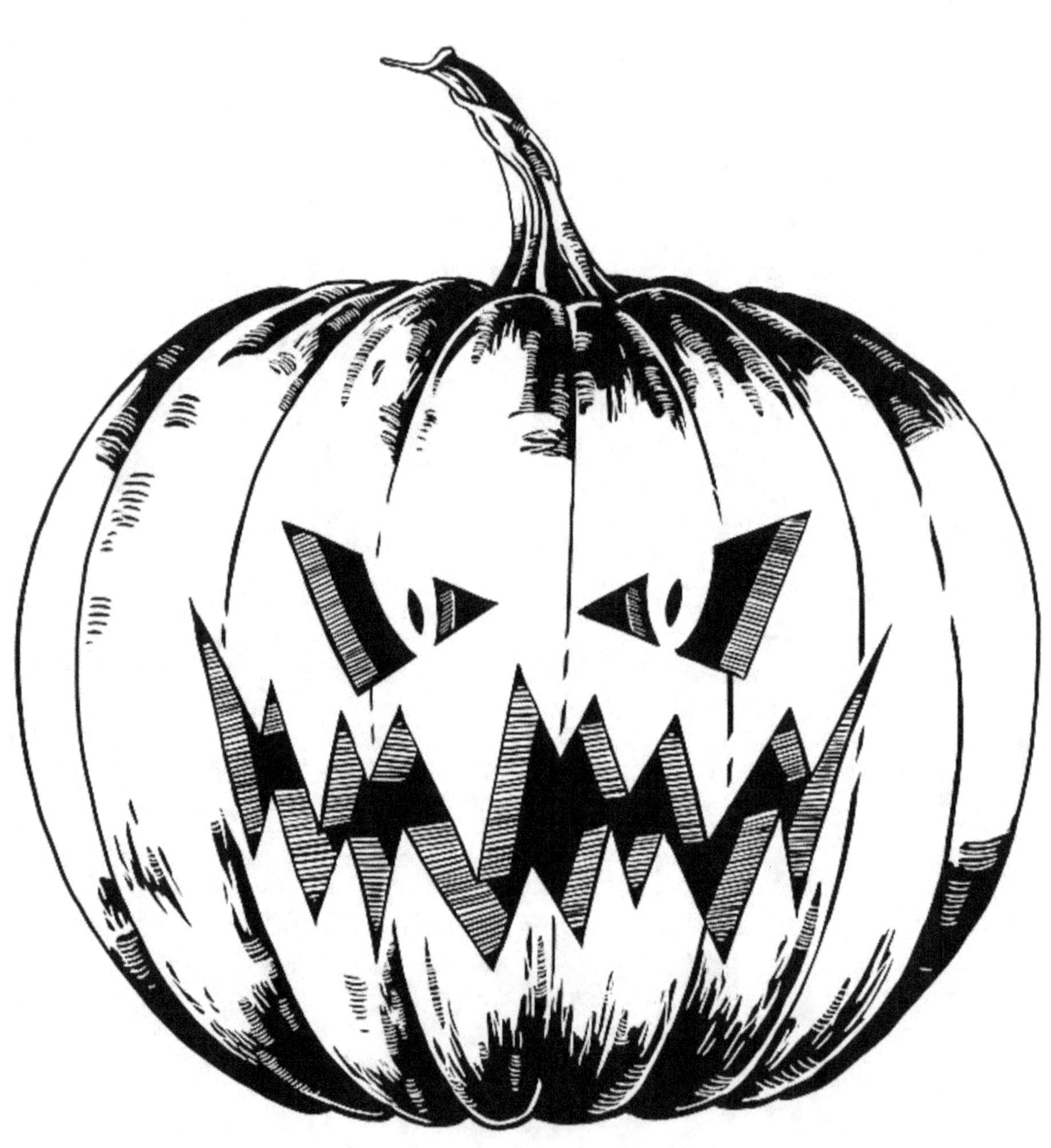

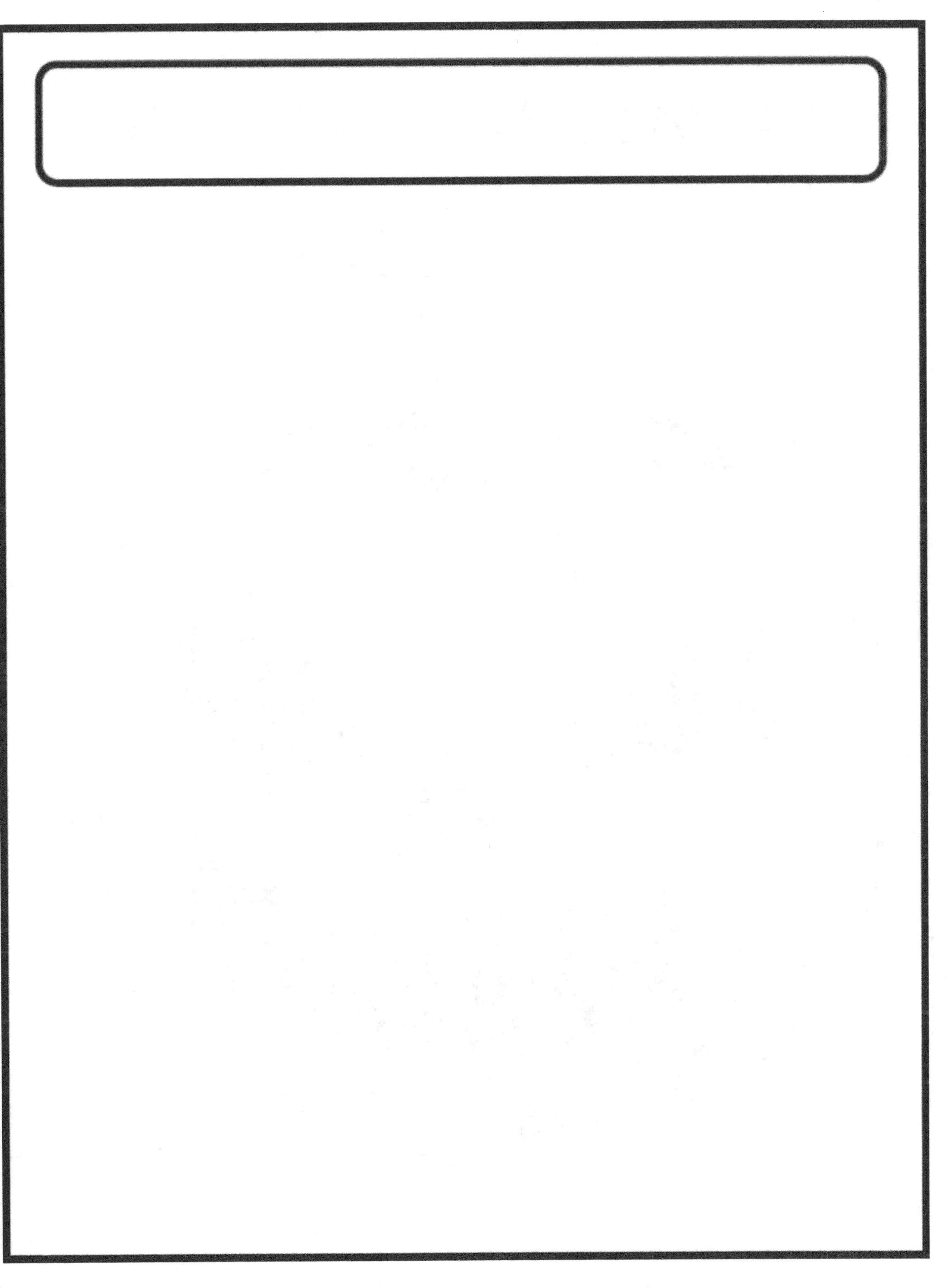

ZUCCA LIBRO DA COLORARE

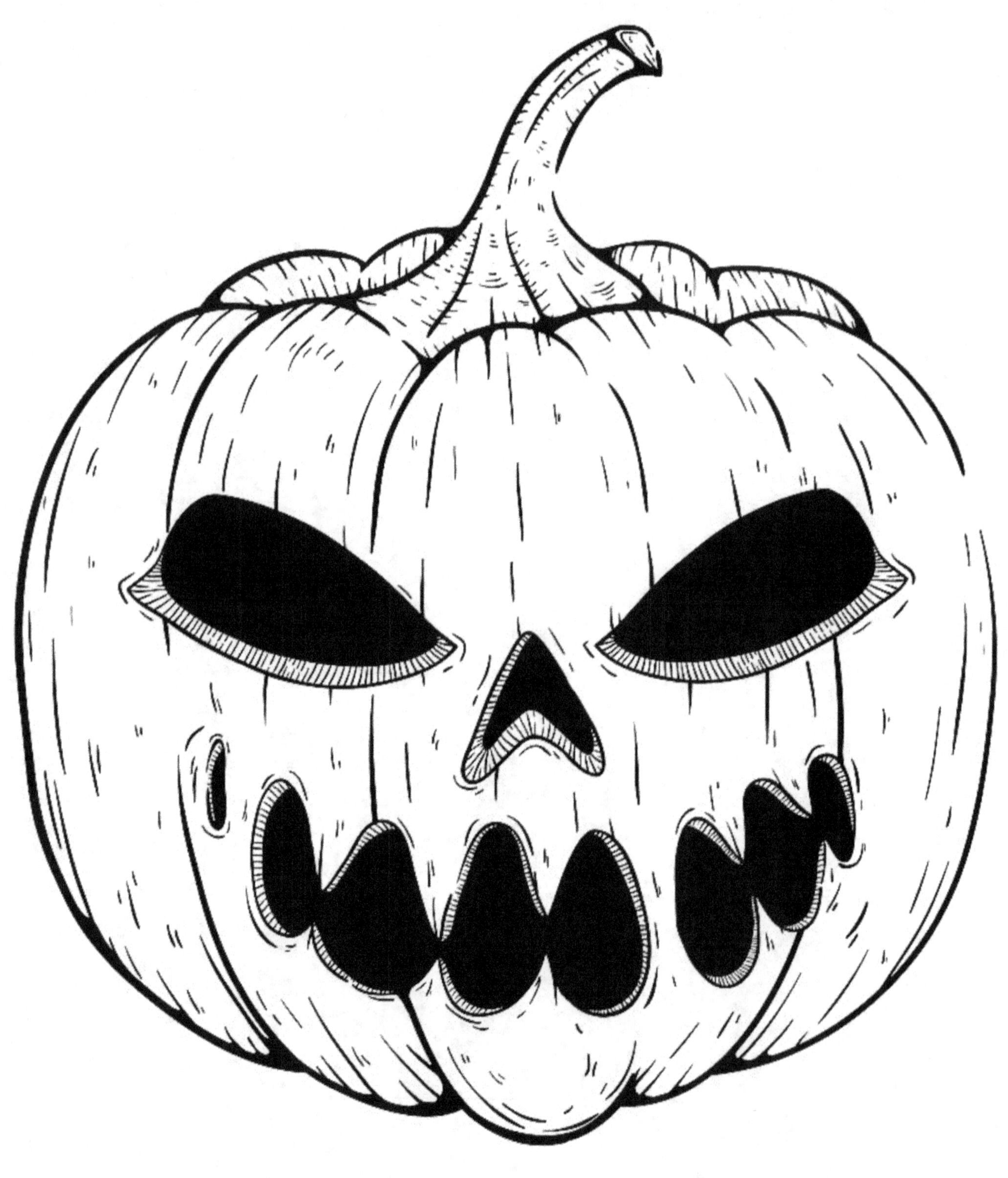

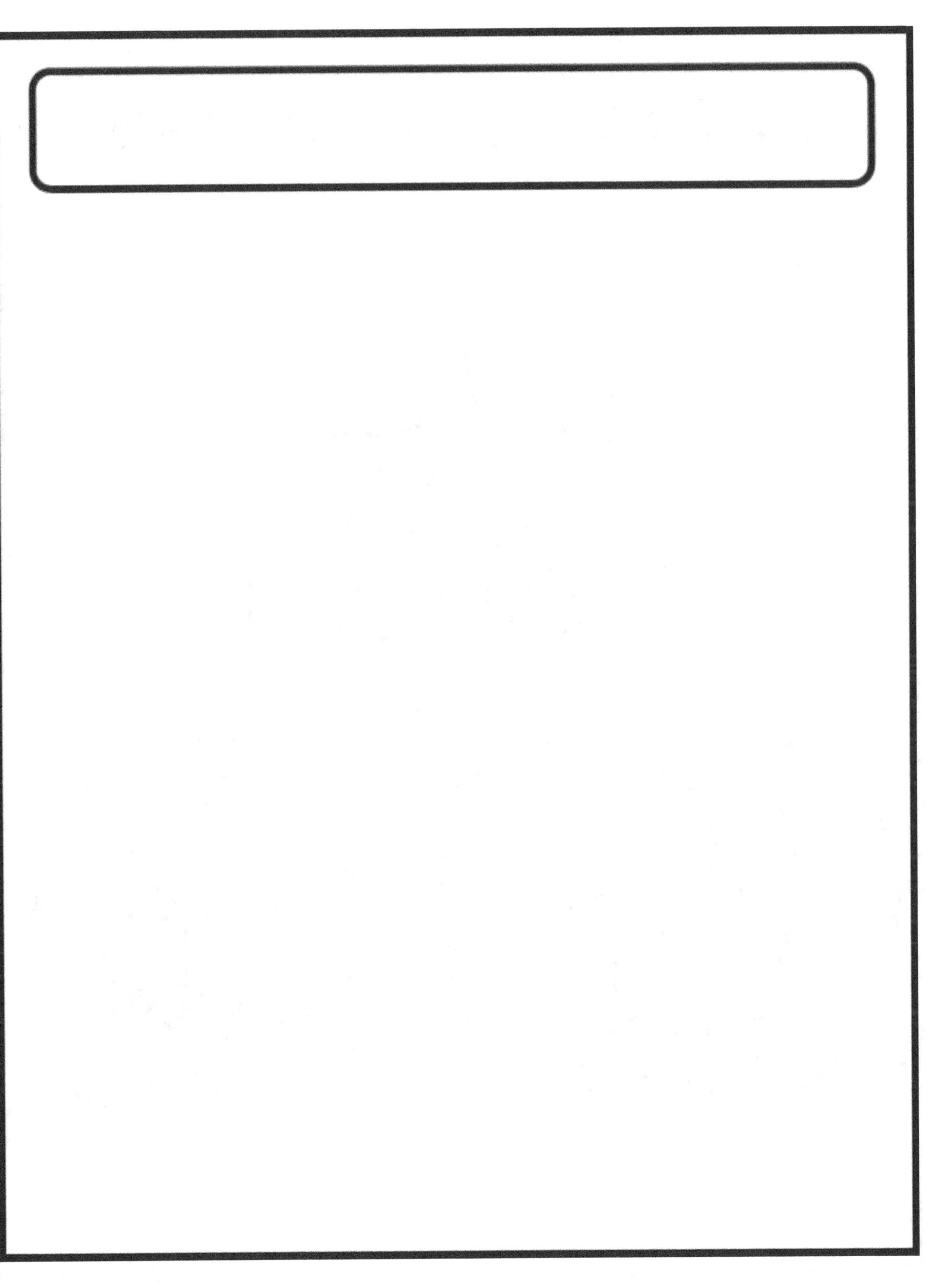

ZUCCA LIBRO DA COLORARE

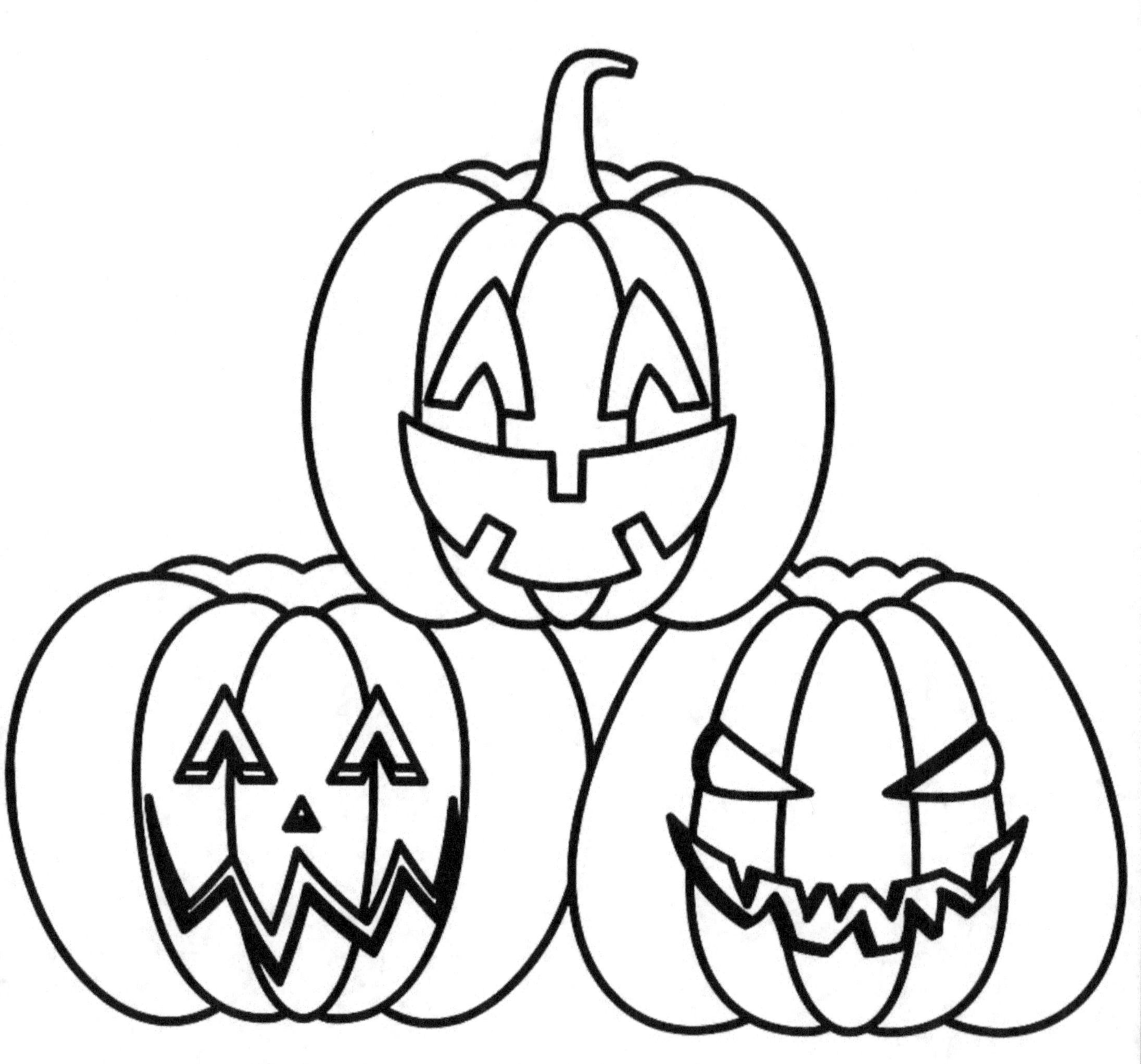

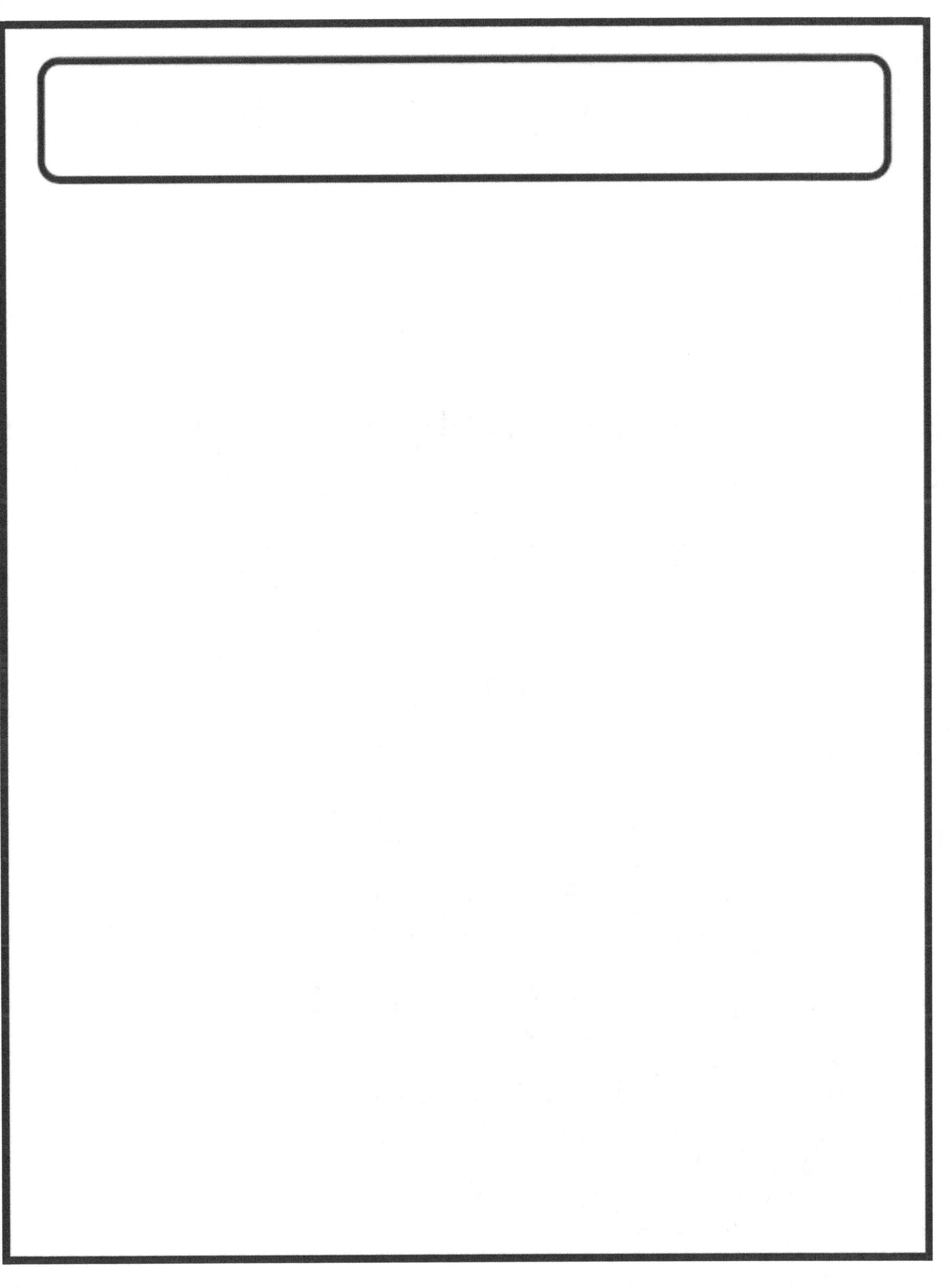

ZUCCA LIBRO DA COLORARE

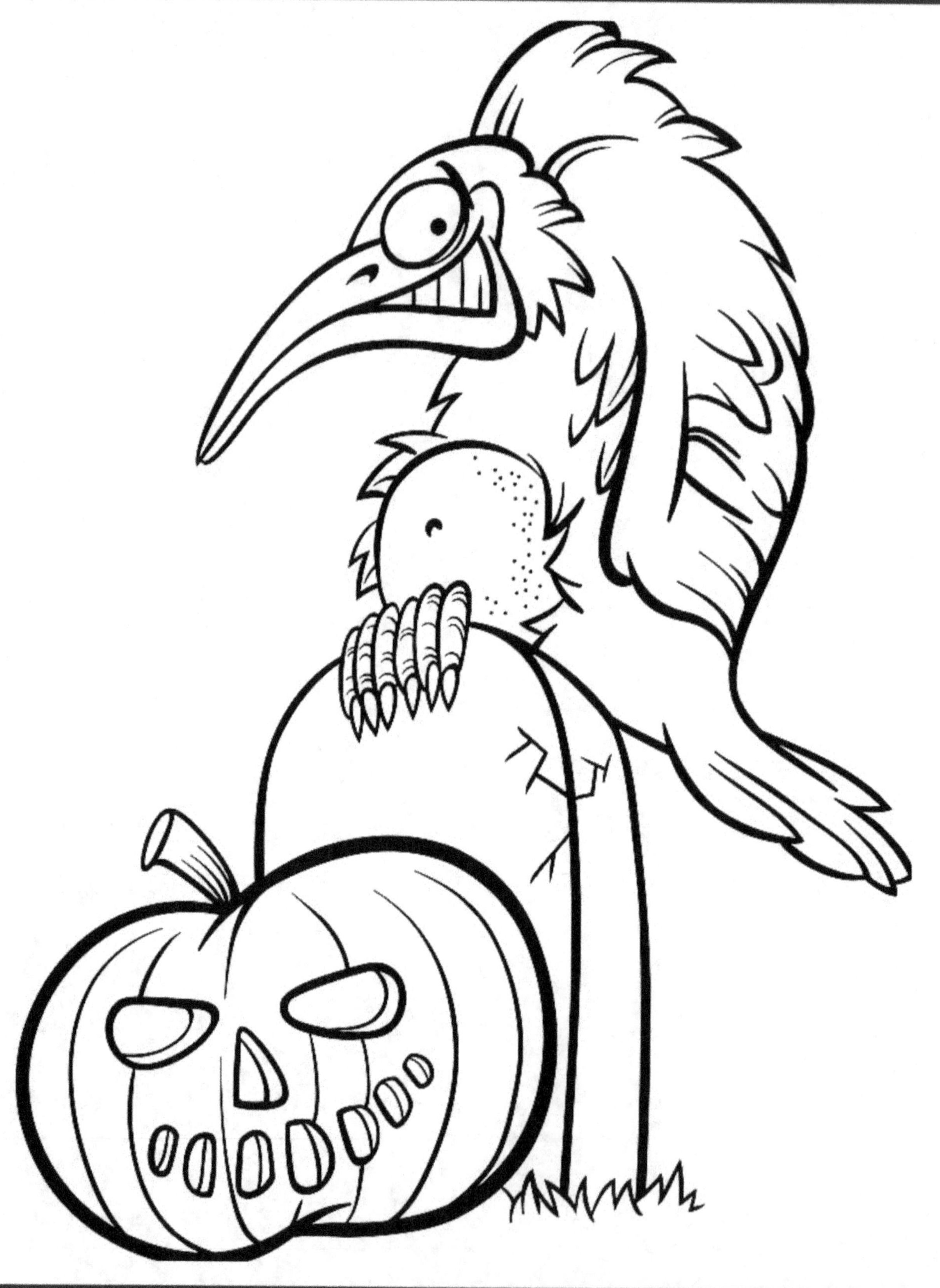

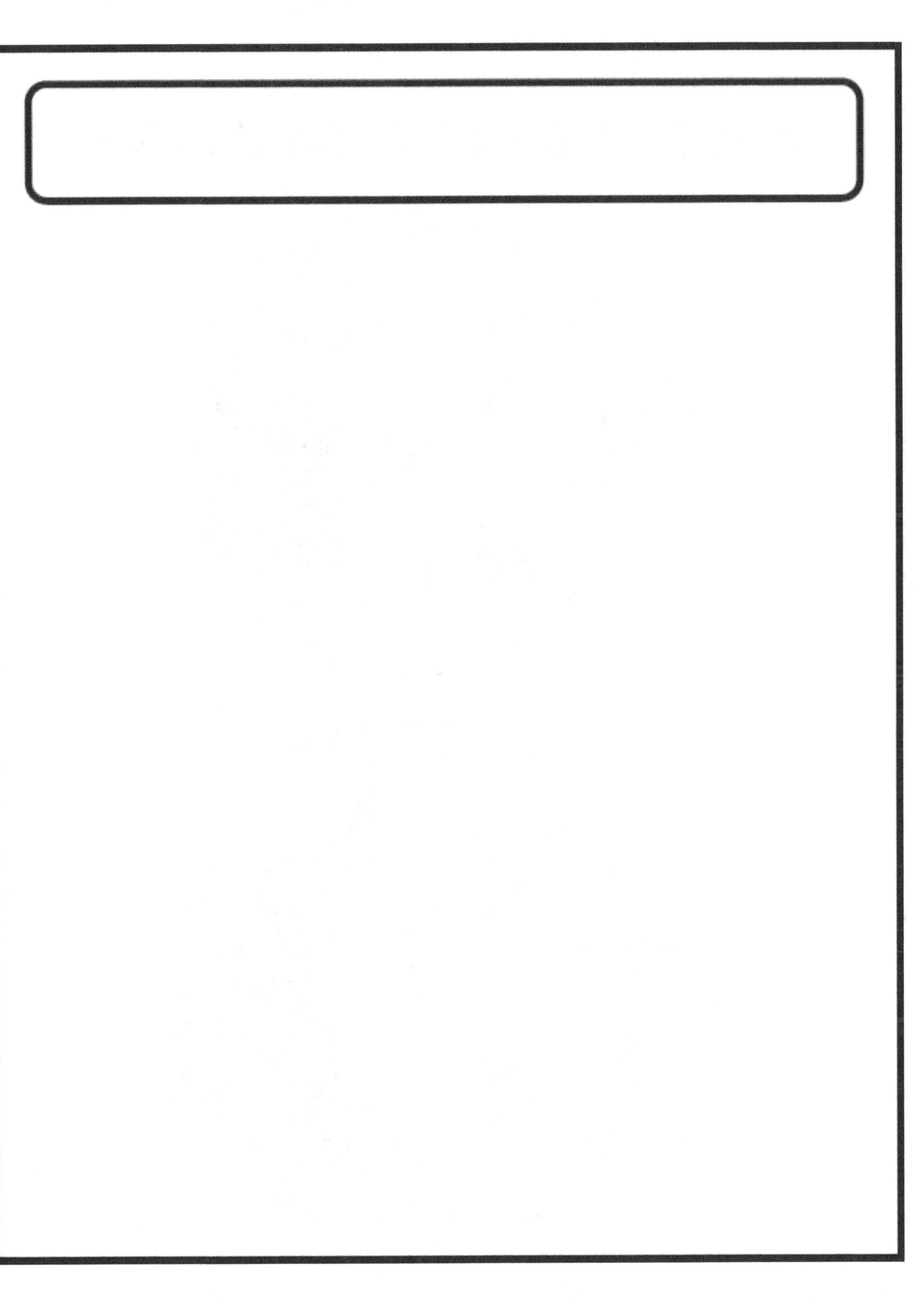

ZUCCA LIBRO DA COLORARE

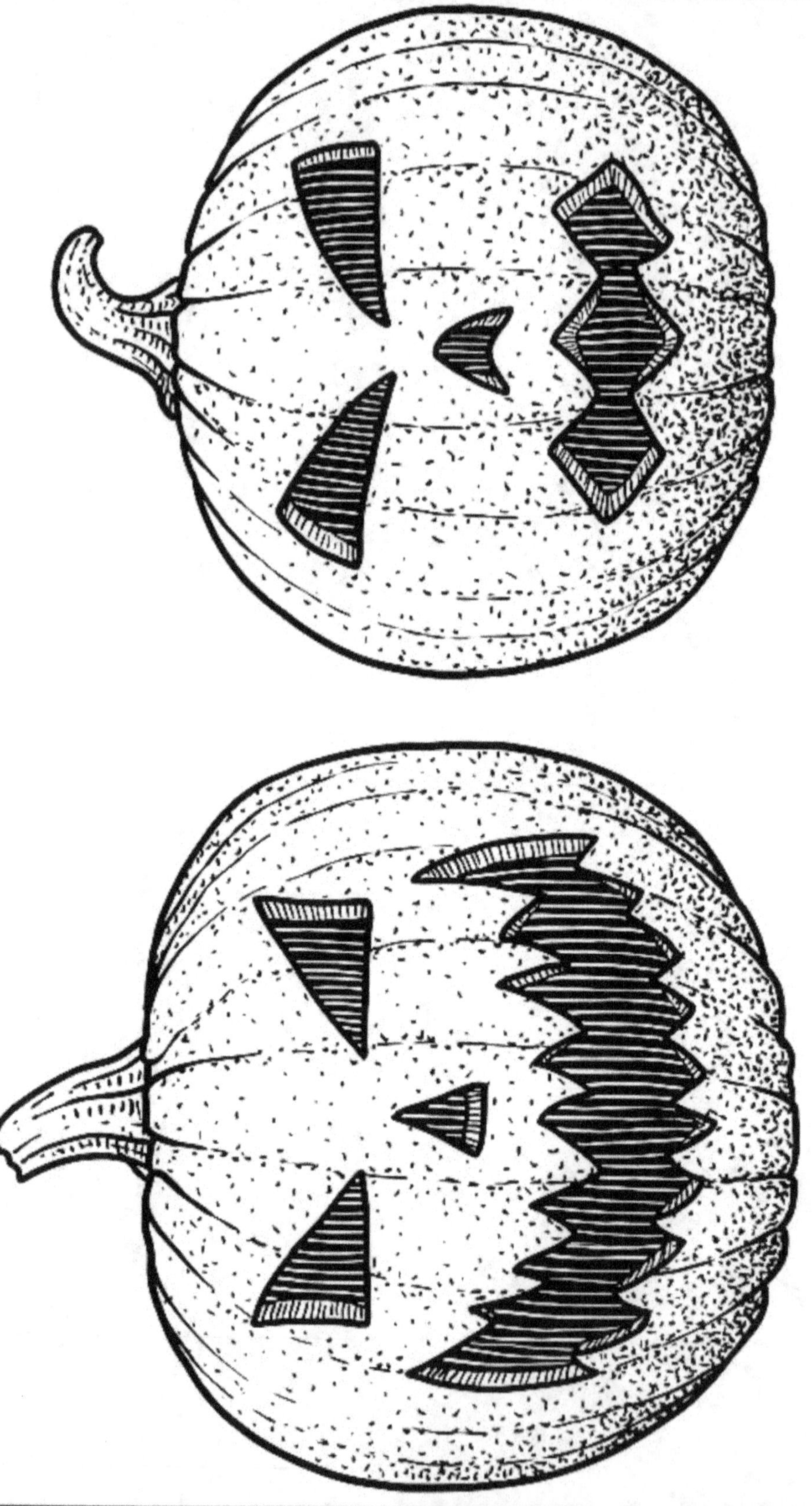

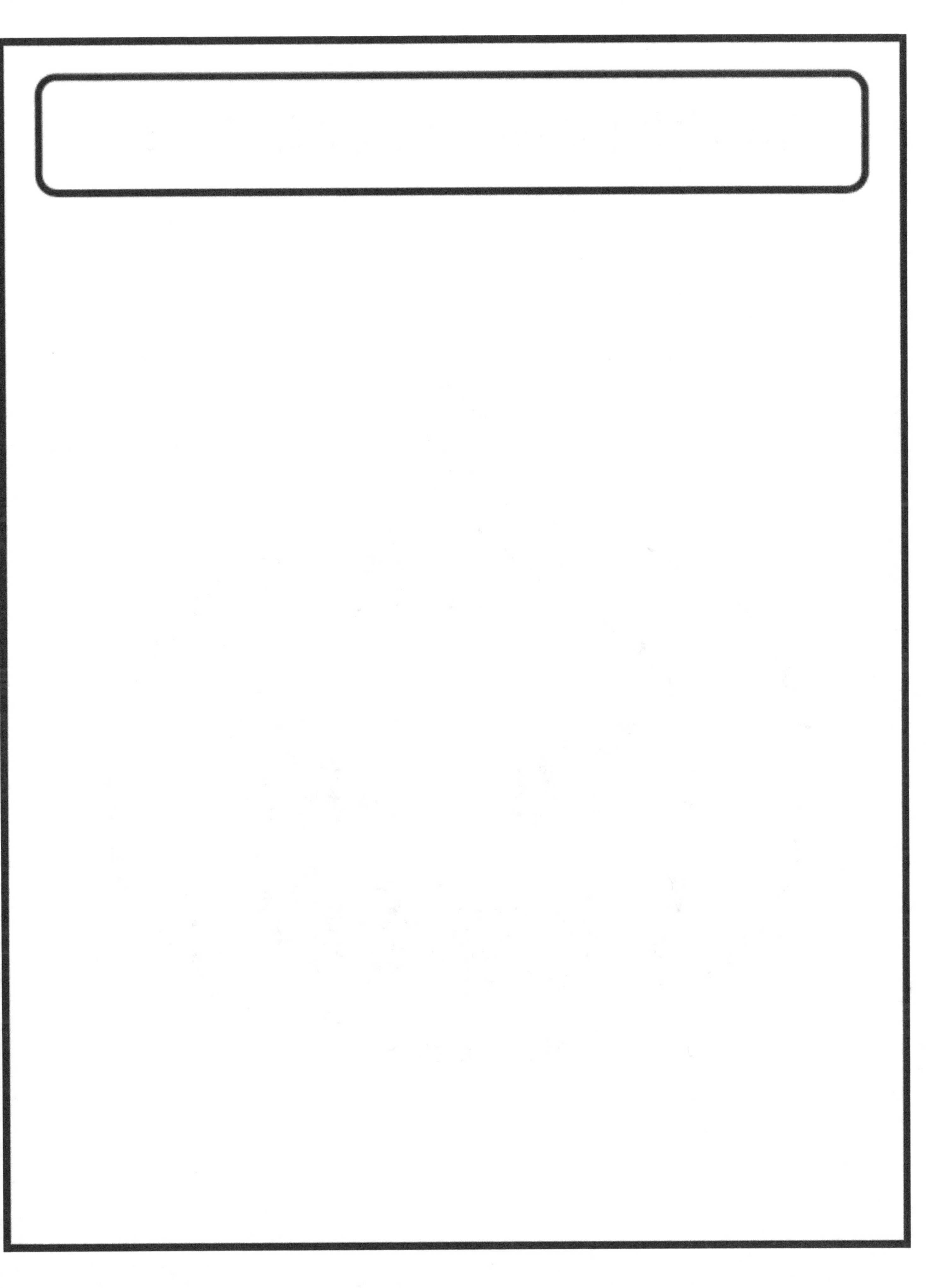

ZUCCA LIBRO DA COLORARE

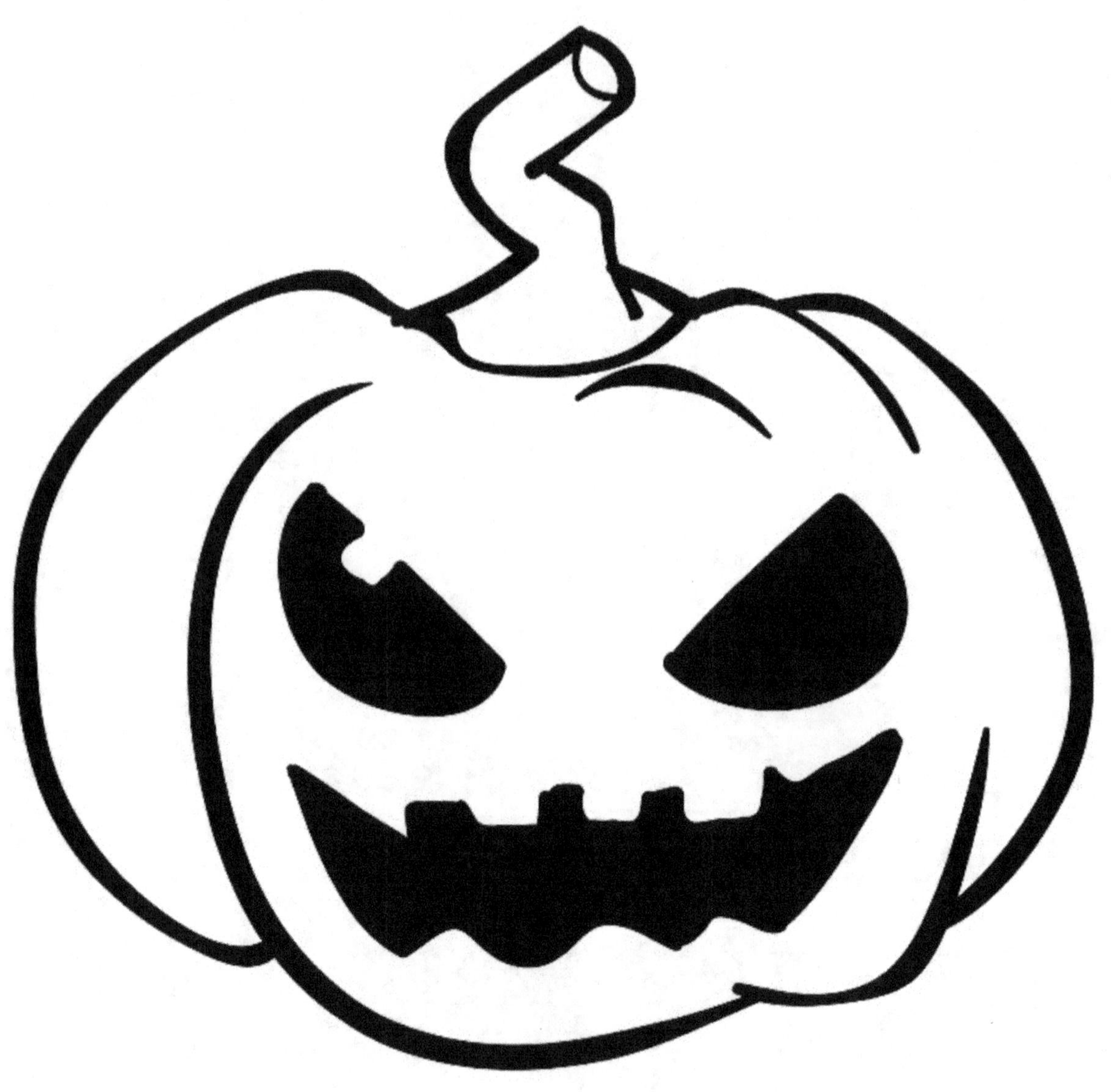

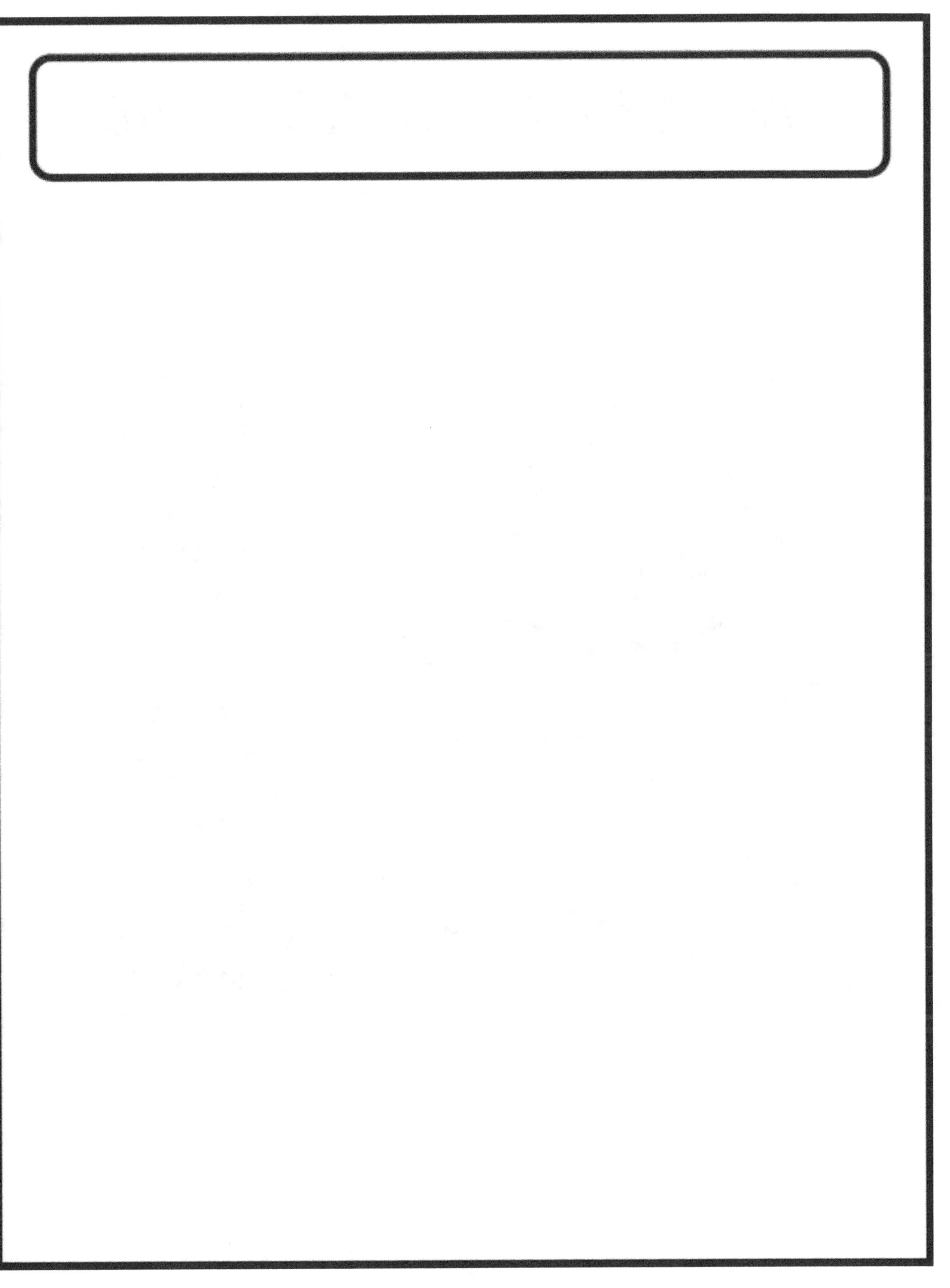

ZUCCA LIBRO DA COLORARE

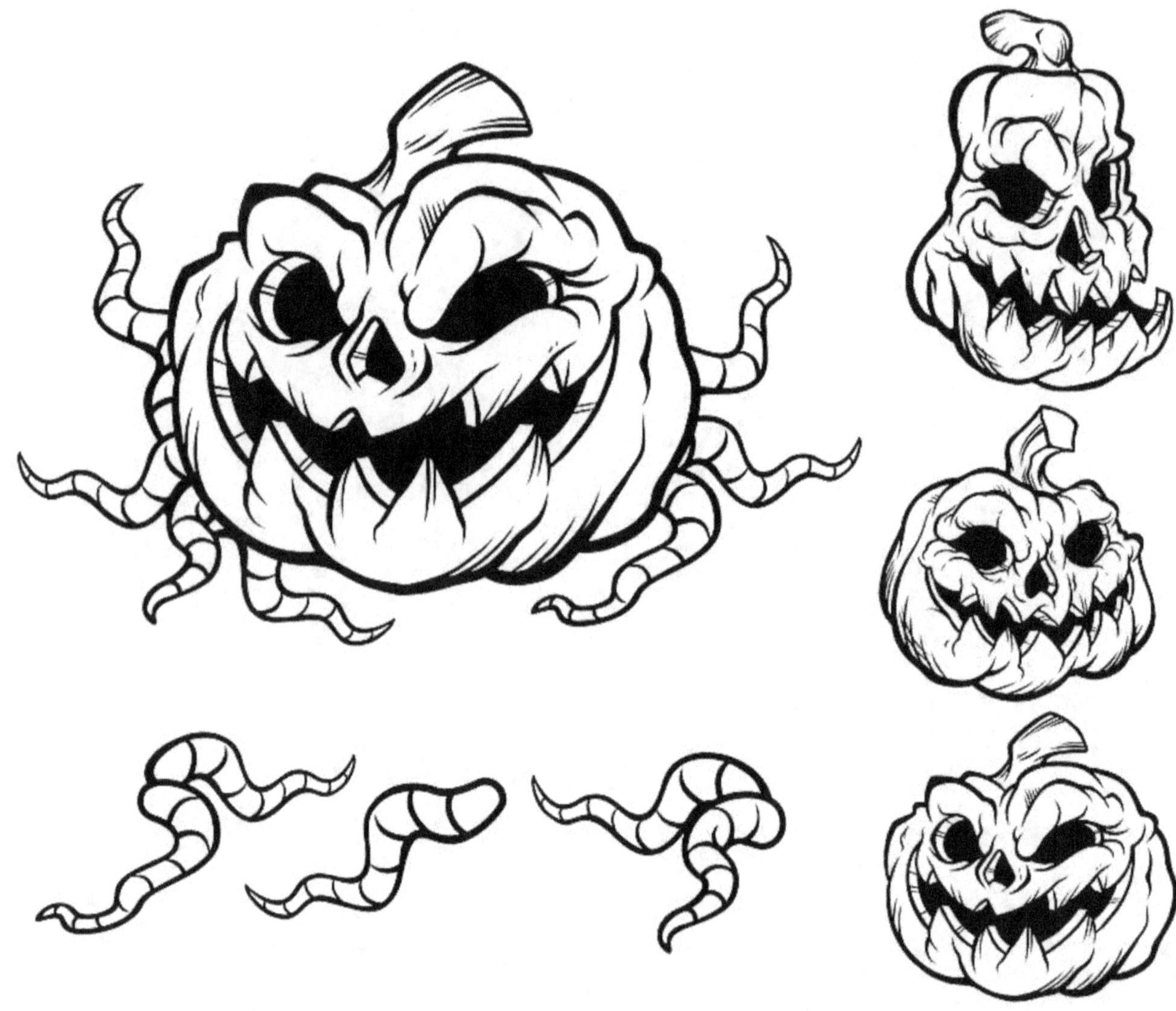

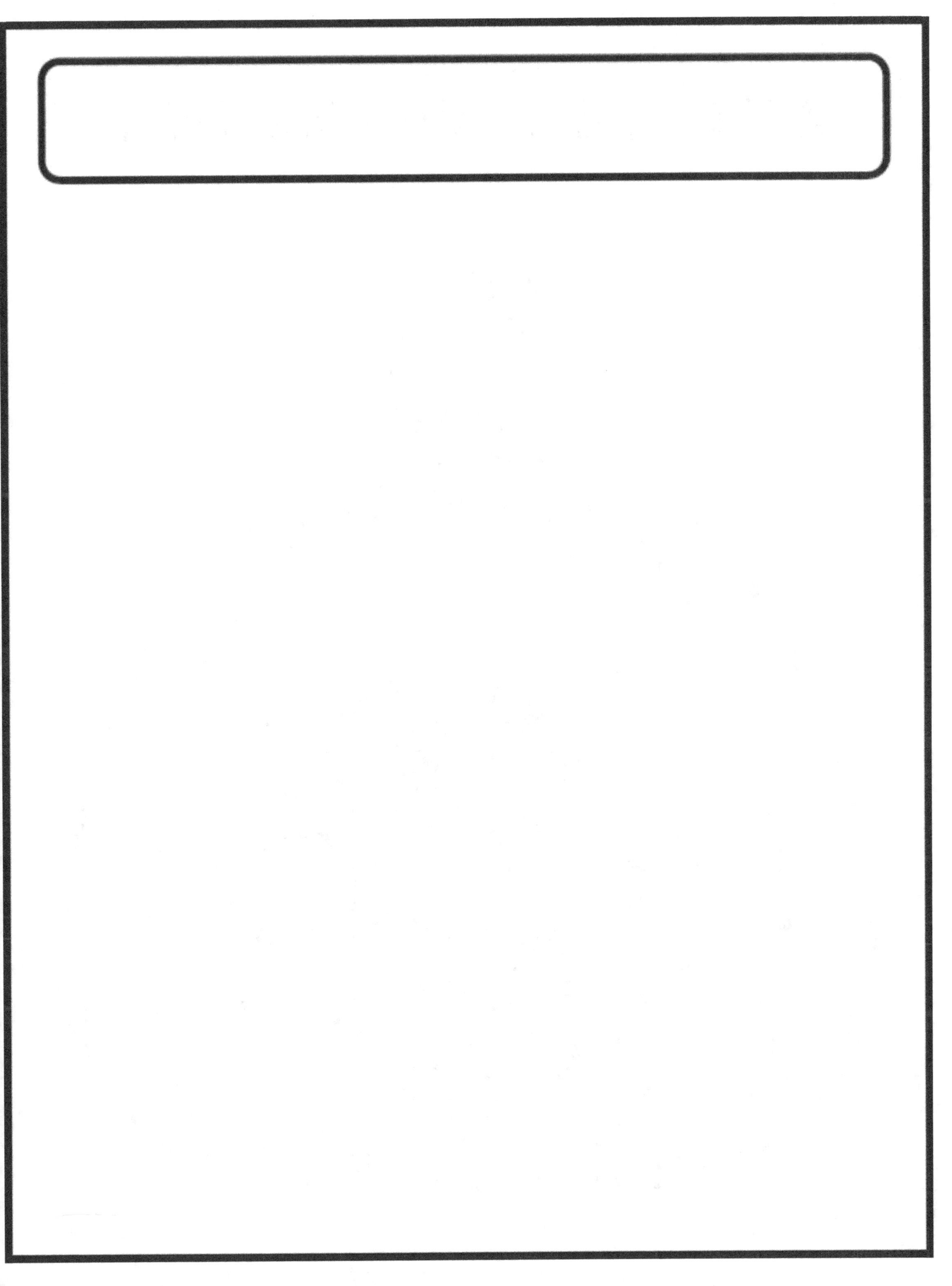

ZUCCA LIBRO DA COLORARE

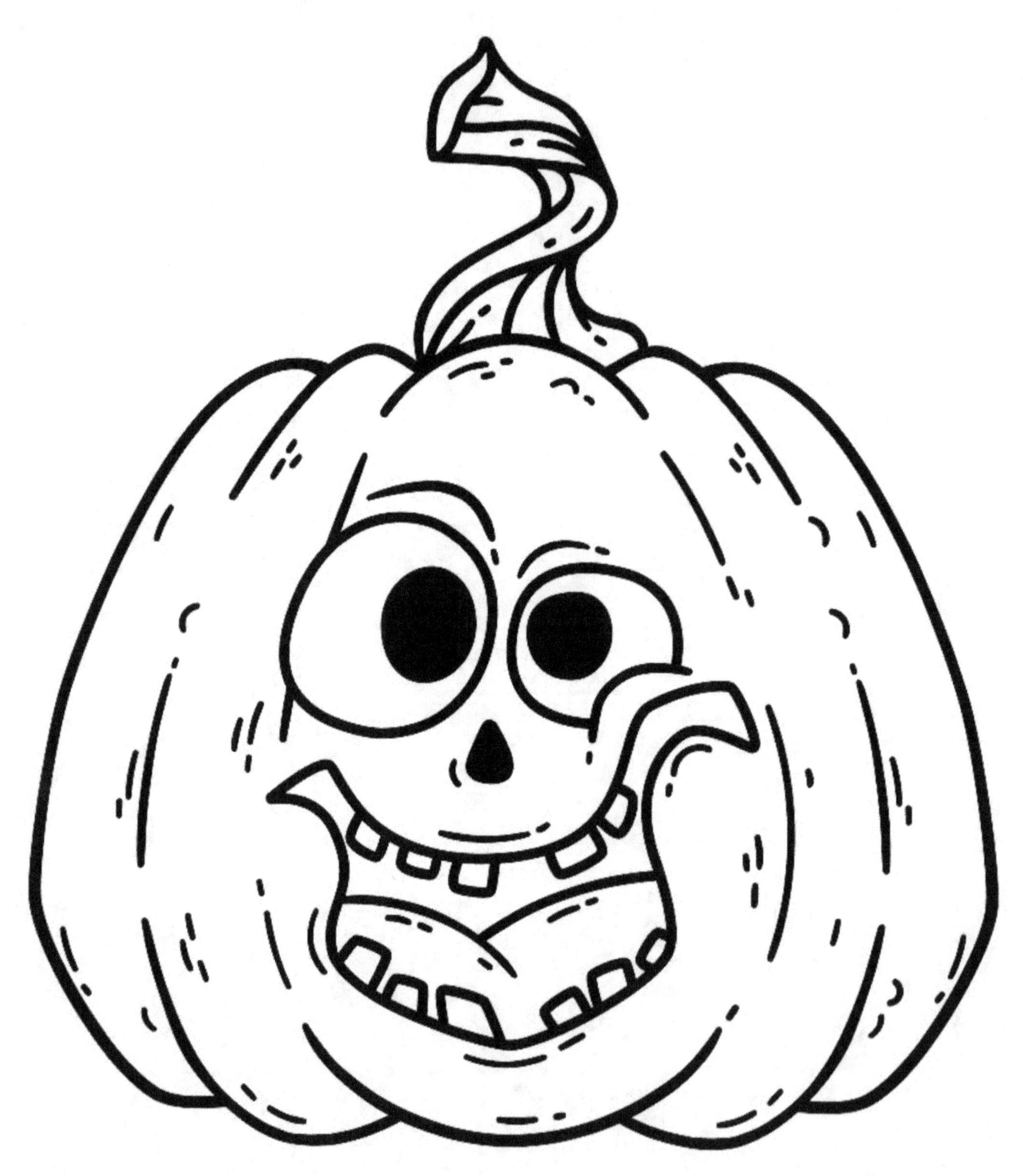

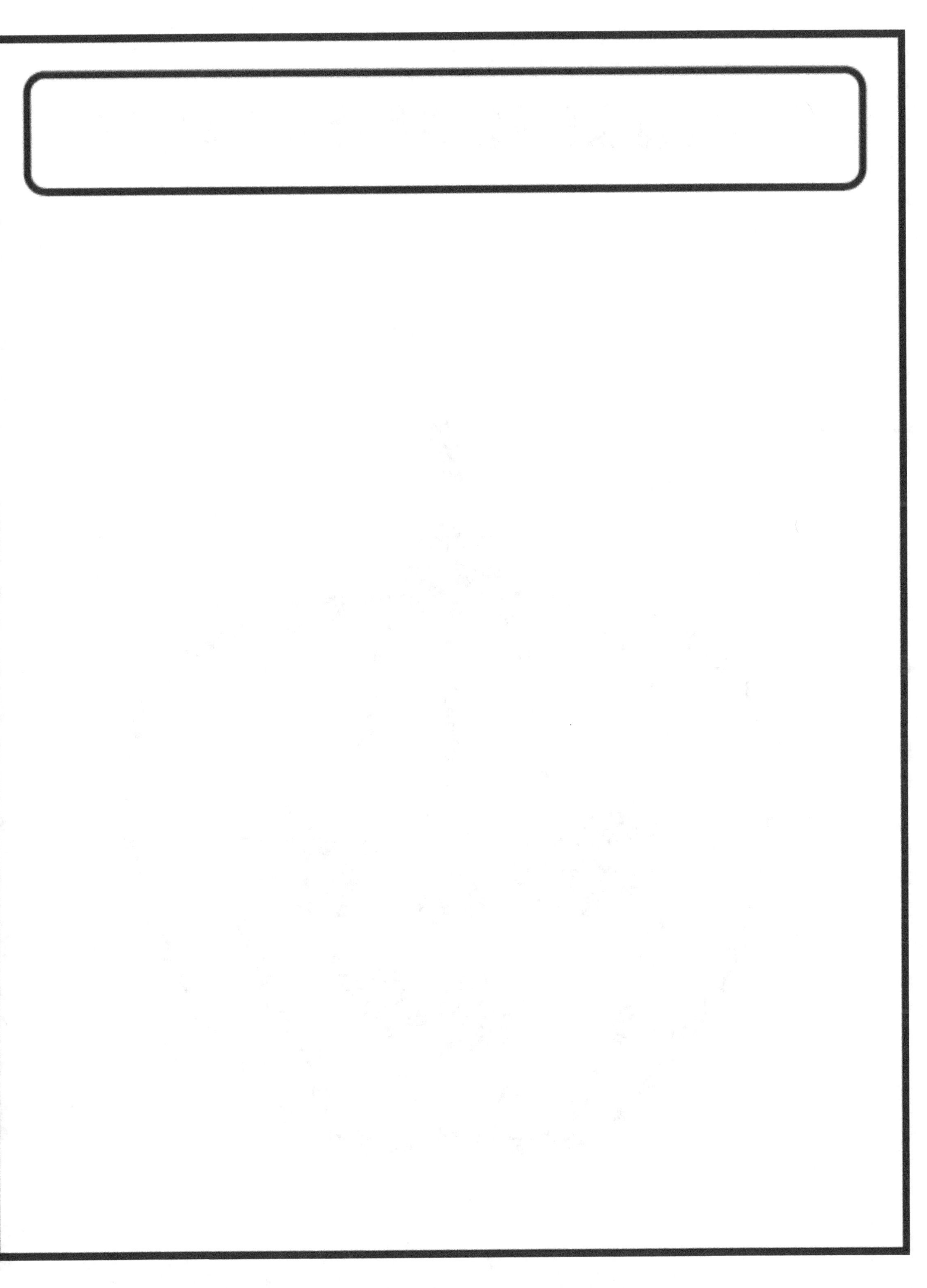

ZUCCA LIBRO DA COLORARE

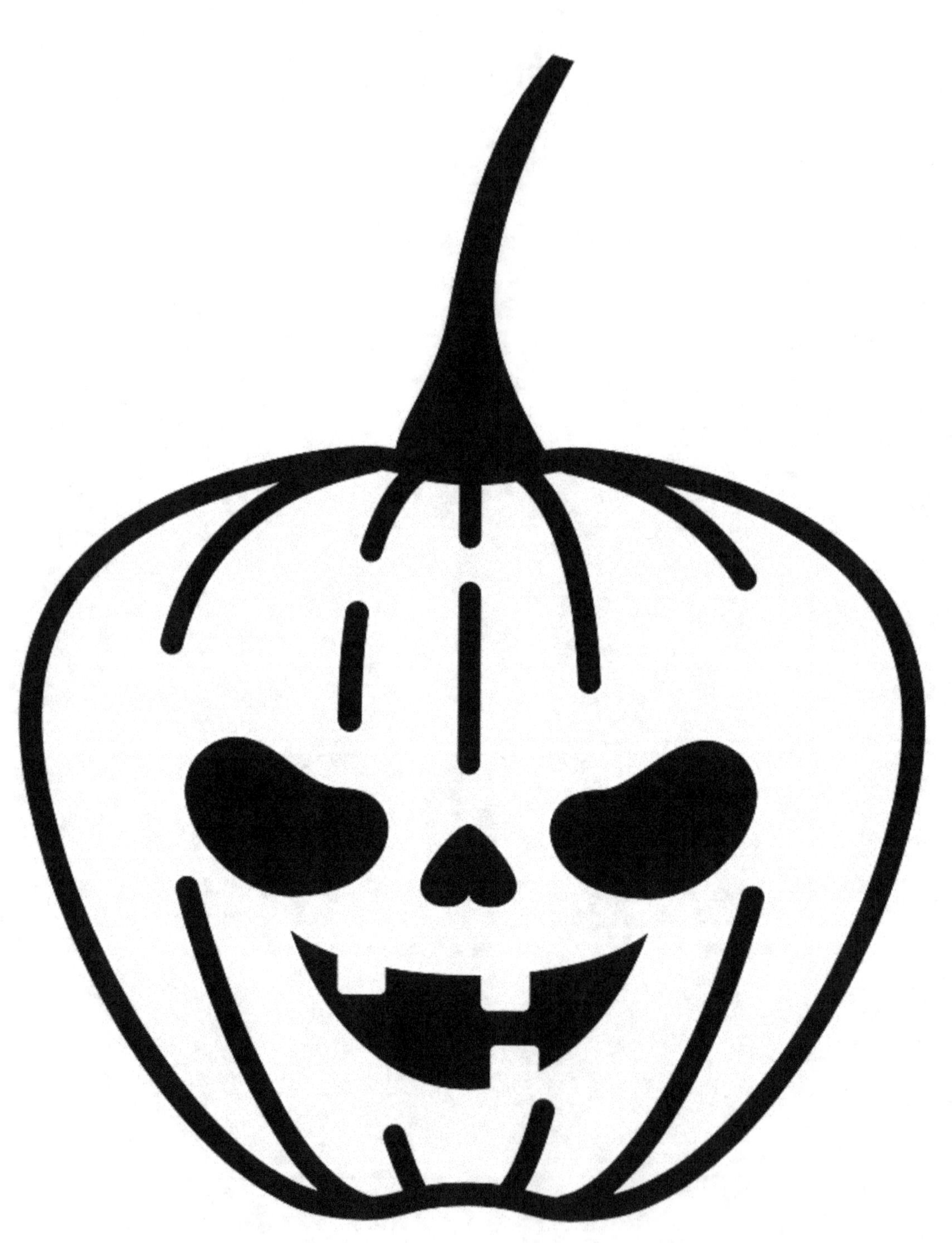

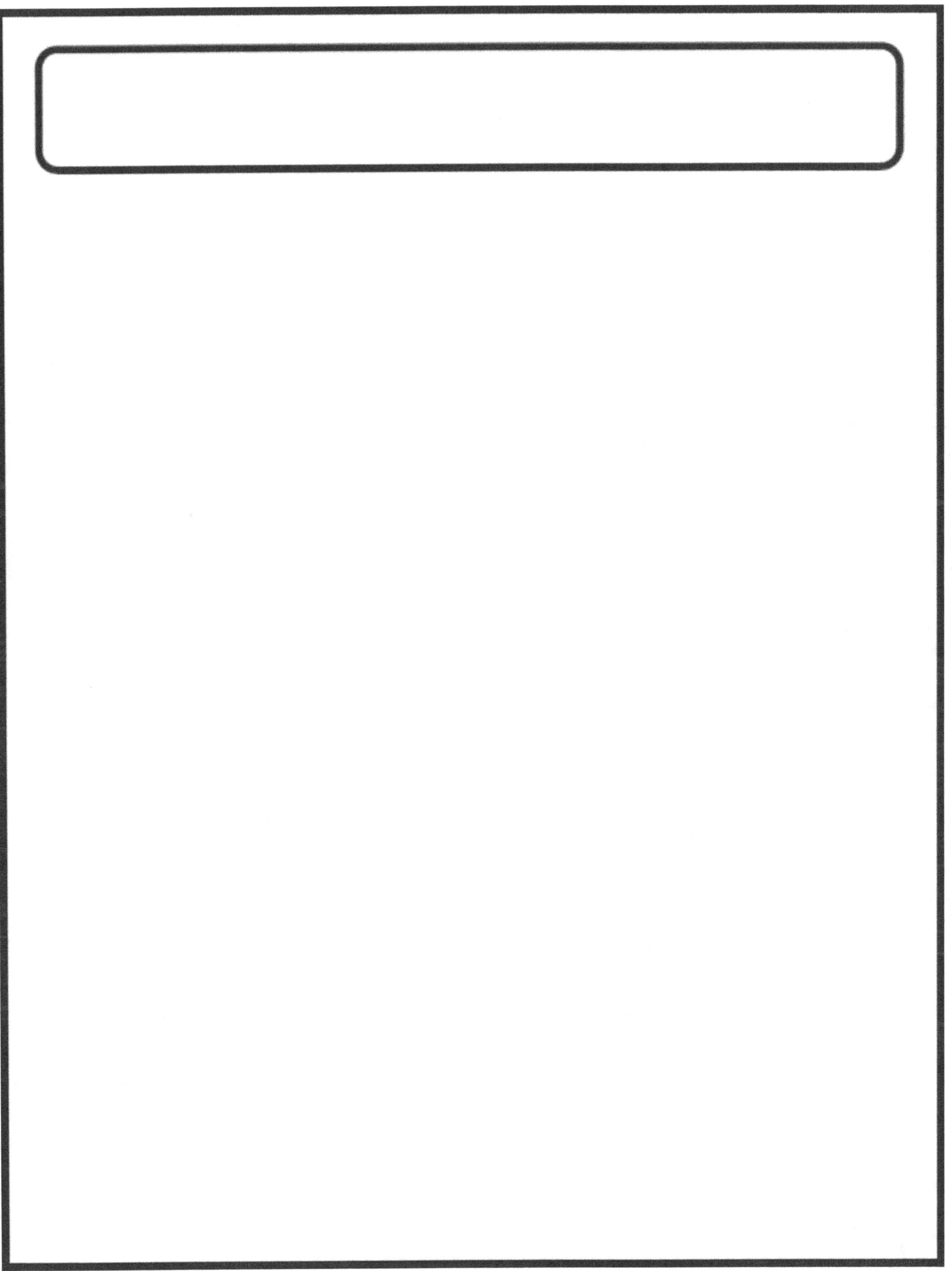